A ALQUIMIA DA INVEJA

ANDRÉ MANTOVANNI

A ALQUIMIA DA INVEJA

COMO RECONHECER E SUPERAR O
INIMIGO QUE SE ESCONDE NAS SOMBRAS

Editora
Cultrix
SÃO PAULO

1ª edição 2025.

Editor: Adilson Silva Ramachandra
Gerente editorial: Roseli de S. Ferraz
Preparação de originais: Denise de Carvalho Rocha
Gerente de produção editorial: Indiara Faria Kayo
Editoração Eletrônica: Cauê Veroneze Rosa
Revisão: Bárbara Parente

Dados Internacionais de Catalogação na Publicação (CIP)
(Câmara Brasileira do Livro, SP, Brasil)

Mantovanni, André

A alquimia da inveja: como reconhecer e superar o inimigo que se esconde nas sombras / André Mantovanni. - 1. ed. - São Paulo: Editora Cultrix, 2025.

ISBN 978-65-5736-363-8

1. Autoajuda 2. Autoconhecimento 3. Desenvolvimento pessoal 4. Inveja I. Título.

25-254734 CDD-158.1

Índices para catálogo sistemático:

1. Autoconhecimento : Crescimento pessoal : Conduta de vida 158.1

Eliete Marques da Silva - Bibliotecária - CRB-8/9380

Direitos reservados
EDITORA PENSAMENTO-CULTRIX LTDA.
Rua Dr. Mário Vicente, 368 – 04270-000 – São Paulo – SP – Fone: (11) 2066-9000
http://www.editoracultrix.com.br
E-mail: atendimento@editoracultrix.com.br
Foi feito o depósito legal.

"A inveja habita no fundo de um vale onde jamais se vê o sol."

– Ovídio

Todos que nos levam a percorrer os lamaçais da alma são mestres que ensinam valiosas lições. São espelhos do nosso contrário e agentes de transformações profundas; sem a sombra não há luz.
Para os invejosos que encontrei pelo caminho e que ajudaram a iluminar minha própria escuridão, este livro é dedicado a todos vocês.

Sumário

Prefácio 9

Introdução 13

Capítulo 1: A Inveja é Universal 19

Os Tipos de Inveja 42

A Inveja como Reflexo de Si Mesmo 46

Admiração ou Inveja – Como Diferenciar? 55

A Transcendência da Inveja – O Caminho da Conexão Interior 61

Capítulo 2: A Riqueza Oculta nas Sombras 71

As Consequências da Repressão – O Custo de Negar a Inveja 75

Os Padrões da Inveja 77

Como Reconhecer o Invejoso 79

Capítulo 3: A Inveja e o Mito da Comparação 91

O Ciclo de Comparação Constante 91

As Redes Sociais como Amplificadoras da Inveja 100

Aceitação e Singularidade: O Fim da Comparação 105

Capítulo 4: A Alquimia da Inveja 111

Mantenha um Diário de Auto-observação da Inveja 114

Transformando Desejo em Inspiração 117

Fortalezas e Singularidades: Focando em Você 120

Ação Criativa: Como Redirecionar a Energia da Inveja 122

Lidando com as Armadilhas da Inveja Alheia 124

Capítulo 5: Reflexões Finais 129

A Paz que Surge da Compreensão 129

Bibliografia 140

Prefácio

A inveja é aquela pontada de dor
no meio de um acesso de admiração.

– Ron Britton

Na vida cotidiana, costumamos pensar na inveja como aquilo que nosso vizinho sente. Afinal, não é bonito ser invejoso, porque o invejoso é, antes de mais nada, aquele que não quer que eu seja feliz. Ele não quer que eu tenha o que tenho ou que eu seja quem sou. Quando consideramos alguém invejoso, estamos, em geral, observando algo de destrutivo naquela pessoa.

A inveja é tida como um sentimento tão ruim que, nos primeiros séculos do Cristianismo, foi elevada à categoria de pecado capital pela Igreja. Segundo essa doutrina, um pecado é considerado capital quando tem potencial para dar origem a outros pecados, o que nos convida a refletir sobre o alcance ou os efeitos desse sentimento. Uma coisa leva à outra, que leva à outra...

Porém, ninguém se preocuparia em fazer uma lista de pecados se eles não fossem habituais. A inveja é, portanto, frequente, corriqueira. Para aqueles que, como eu, não veem os sentimentos como pecados, mas como aspectos que traduzem como estamos ou como funcionamos, a inveja é um traço humano que não cresce apenas na casa ao lado. Mesmo que possa ser repelida por nosso senso moral ou pela imagem ideal que temos de nós mesmos, ela pode ser sentida por todos.

Por esse motivo, a abordagem de André neste livro é tão pertinente. Ele nos conduz por uma jornada que transita pela filosofia, pela psicologia e pela espiritualidade, entre outras expressões da cultura humana, mostrando que a inveja é vista de muitas maneiras. André aponta onde ela mora – no fundo do nosso vale interior, parafraseando Ovídio – e sugere um caminho de esperança: uma mudança é possível, a partir de dentro de nós.

Este livro é sobre essa possibilidade de transformação que, como na alquimia, combina e modifica elementos para produzir ouro. André nos ensina que essa mudança não ocorre num passe de mágica. Ela exige um trabalho interior de autoconhecimento, que inclui reconhecer nossos sentimentos e emoções menos nobres e entender as motivações profundas por trás de nossas ações. O gostoso desse processo é que, enquanto fazemos essa viagem para dentro, descobrimos nossa potência, recursos que não aproveitamos tão bem e caminhos mais iluminados que ainda não trilhamos. É gratificante observar quando alguém, em processo analítico, vai se descobrindo assim e ganhando energia para viver melhor, ou seja, com menos sofrimento. Do mesmo modo, sinto-me bem sempre que faço novas descobertas sobre mim e isso me traz mais energia de vida.

A inveja, por sua vez, faz parte da vida, mas não a promove. Nesse sentido, o problema moral não está em sentir inveja, mas agir tendo-a como conselheira. Quem quer receber conselhos do "demônio de olhos míopes", como bem coloca André? Nosso autor, aliás, dedica uma parte do livro ao tema dos olhos e do olhar, o que me leva a dizer que esta obra também é sobre olhar e ser olhado, ver e ser visto, admirar e ser admirado. Sobre sentir-se lesado, cobiçar e odiar. Sobre não querer ver e não conseguir parar de olhar.

Esta é, ainda, uma leitura que nos convida a reconhecer que algo sempre faltará em nossa vida, mas que nos encoraja a buscar, construir, transformar. É sobre nossa capacidade de amar a nós mesmos apesar do que nos falta e de podermos ser gratos pelo que recebemos do outro e da vida. É sobre sairmos da escassez e vibrarmos na abundância.

Em especial, André nos desafia, de alguma maneira, a refletir sobre nossa aptidão para nos relacionarmos. Afinal, a inveja promove mais desencontros do que encontros. Recomendo esta leitura, então, a você que sabe, ou ao menos desconfia, que as trocas afetivas com pessoas que admiramos e possam apreciar nosso valor não pode faltar no laboratório do alquimista.

Alexandra Delfino de Sousa, verão de 2024.
Psicanalista, membro do Departamento de Formação em Psicanálise do Instituto Sedes Sapientiae e coordenadora do Núcleo de Psicodinâmica e Psicologia Analítica Integrativa.

Introdução

"Seu olhar expressa a angústia de quem não consegue aceitar o abismo que separa o sonho do real."

– Pedro Almodóvar

Há forças que movem o mundo de maneira sutil e silenciosa. Forças e energias que são invisíveis à nossa percepção mais objetiva. Elas se infiltram nos nossos pensamentos, moldam nossas atitudes e, sem que percebamos, acabam tomando forma em nossa vida. Nem todas essas batalhas são travadas de forma explícita. Algumas delas ocorrem sem alarde, nas sombras do coração e nos vales nebulosos da alma.

Muitas vezes, o nosso brilho, por mais simples e natural que seja, desperta a atenção e o ressentimento daqueles que vivem na escuridão. Eles não desejam admirar nossa luz; ao contrário, são tomados pelo impulso de apagá-la, de destruir o que não conseguem possuir ou replicar.

Uma fábula antiga conta que, certa vez, um vaga-lume estava entretido com sua habilidade de acender e apagar sua luz, brincando de ser estrela no meio da floresta. A cada momento, um brilho iluminava seu corpo e o que estava ao seu redor, depois desaparecia, apenas para reaparecer em seguida. Essa dança de luz chamou a atenção de uma serpente que rastejava por perto, intrigada com o piscar incessante.

A serpente, movida pela curiosidade e atraída por aquele pequeno foco de luz, começou a se aproximar silenciosamente. Quando estava prestes a dar o bote, o vaga-lume percebeu sua presença e, numa reação rápida, alçou voo, escapando por pouco. Mas a serpente não desistiu e, deslizando com agilidade, seguiu o rastro do pequeno inseto.

O vaga-lume voava, parava, e a serpente sempre o perseguia, incansável. Em cada pausa do inseto, lá estava ela, pronta para atacar. E ele voava cada vez mais alto, acendendo e apagando sua luz. Depois de muito tempo, o vaga-lume, exausto e sem entender o motivo da perseguição, decidiu enfrentar a serpente e perguntou:

– Dona Serpente, eu não faço parte da sua cadeia alimentar e não lhe fiz nenhum mal. Por que, então, a senhora quer me devorar?

A serpente, com os olhos fixos no vaga-lume, respondeu com frieza:

– Porque você brilha e eu não.

Como a serpente, muitas pessoas são atraídas pelo que não possuem, pelo que veem nos outros e vivem perseguindo luzes que jamais poderão alcançar.

Na paisagem humana, a inveja ocupa um lugar muito maior do que imaginamos. Considerada um sentimento pequeno, mesquinho, reservado apenas àqueles que não sabem ser felizes com o que têm, ela é uma sombra que cresce à medida que a luz brilha mais forte em outra pessoa. Um pecado que todos somos capazes de cometer, mas nunca confessamos. Um inimigo oculto que vive escondido dentro e fora de nós.

Sim, a inveja está entre nós e é uma fonte de muitas maldades e destruições desde que o mundo é mundo. Junto com ela sempre caminha a mentira, o orgulho, a vergonha e a falsidade. Ela pode estar no local de trabalho, entre os vizinhos de uma rua ou condomínio, mas também entre os colegas familiares, e se esconde até nas amizades mais duradouras e nos relacionamentos afetivos. Por ser um mal secreto, pode ser encontrada onde menos esperamos: em desconhecidos, mas também naqueles que conhecem nossa intimidade e com quem dividimos nossas maiores conquistas e alegrias.

A inveja é um demônio de olhos míopes, que não enxerga a si mesmo e se orienta, magoado, pela luz do outro, que amplia sua incapacidade de ser o que mais deseja.

Quando a inveja vem do outro sabemos que precisamos nos cuidar, criar estratégias de defesa e nos blindar para que nossa luz jamais seja apagada pelo mal alheio.

Mas e quando ela nasce dos nossos olhos? Quando se aninha dentro de nós? Ninguém, absolutamente ninguém, está livre desse tormento de invejar. Nesse caso, precisamos confrontá-la para não sermos engolidos por ela.

Alguns sábios nos ensinam que a inveja esconde o que queremos ser, o que gostaríamos de ter, e, acima de tudo, o que acreditamos merecer, mas como encarar, compreender e transformar algo tão complexo em nosso mundo interior?

Movido pelo desejo de avançar nessa reflexão e inspirado pela ideia de que a vida está sempre disposta a nos conceder transformação, eu me debrucei sobre o tema para encontrar algumas respostas, e agora quero dividir com você, leitor, algumas descobertas que poderão iluminar o seu caminho.

A Alquimia da Inveja mergulha nas profundezas onde habita esse inimigo interior tão humano e silencioso, para desvendar suas nuances e propor metamorfoses, mudanças e transformações.

Como alquimistas do nosso próprio destino, podemos transformar os sentimentos mais sombrios em ouro espiritual e viver em paz. E mesmo que a inveja continue existindo para além das nossas fronteiras, teremos sabedoria para não afundar nas areias movediças do ressentimento que possa vir dos outros.

André Mantovanni

Primavera, 2024.

Capítulo 1

A Inveja é Universal

"A inveja nasceu com o homem desde o princípio."

– Heródoto

A inveja é universal. Desde os primórdios da humanidade esse sentimento insidioso tem deixado marcas profundas nas relações humanas, moldando sociedades, dinâmicas de poder e destinos individuais. Ela está presente em histórias ancestrais, mitos, religiões, livros e artes visuais, sendo descrita, temida e repreendida ao longo dos séculos. Como um ácido, ela vai corroendo a alma lentamente.

A inveja sempre foi considerada um dos maiores males da humanidade, que percorre silenciosamente as nossas sombras. Como um inimigo interior, vai cavando um buraco negro no nosso coração, capaz de destruir qualquer possibilidade de alegria ou de impedir que brotem as melhores virtudes dentro de nós.

A inveja aprisiona, ironiza, compara, trai, entristece, anula, mente, trama, dissimula, debocha, ressente, amaldiçoa, dilacera, devora e magoa. É como um veneno, que pode ser letal. Muitas vezes vem do outro, mas também habita nosso mundo interior.

A inveja se disfarça, usa máscaras e se esconde para poder frutificar em ódio, sempre à espreita para nos atacar, como a serpente do mal.

Ao longo da história, tanto em obras religiosas quanto seculares, a inveja sempre foi retratada como o principal vilão entre os sentimentos humanos. Seja em textos sagrados, ensaios, romances, poemas ou estudos filosóficos e psicológicos, assim como em mitologias, provérbios, fábulas e contos de fadas, em todas as culturas, a inveja é vista de forma negativa, sendo o invejoso associado à mais profunda vergonha.

Na mitologia grega, encontramos dois personagens interessantes relacionados à inveja. Um deles é Nêmesis, a deusa encarregada de punir aqueles que despertavam a inveja dos deuses com suas conquistas excessivas. Seu nome vem do grego *némein,* que significa "distribuir", o que reflete sua função de manter a justiça e corrigir os desequilíbrios. Nêmesis está associada à "justiça distributiva", ou seja, ela age contra as injustiças e os excessos, principalmente quando alguém ultrapassa os limites do que é considerado justo, agindo com arrogância ou de forma desmedida (*hýbris*).

Além de Nêmesis, há também a figura de Ftono (*phthónos*), que, embora não tenha um mito próprio, é a personificação da inveja e do ciúme, sentimentos gerados pela felicidade alheia. Ftono é visto como um demônio, frequentemente associado a Éris, a deusa do caos e da discórdia, o que reforça sua conexão com os conflitos e as desarmonias gerados pela inveja e pela rivalidade.

Na tradição cristã, a inveja é retratada na Bíblia como uma força poderosa que leva à destruição de relacionamentos e à queda moral daqueles que a sentem. Um dos primeiros exemplos é a história de Caim e Abel. Tomado pelo ressentimento ao perceber que Deus aceitava com mais agrado a oferta de Abel, Caim é consumido pela inveja. Esse sentimento o leva a cometer o primeiro assassinato da humanidade, ao matar o próprio irmão. Aqui, a inveja age como um "inimigo oculto", corroendo não apenas o vínculo entre os irmãos, mas também a alma de Caim.

No universo místico de diversas culturas, a inveja, conhecida também como "mau-olhado" e "olho gordo", é uma das forças mais temidas. Associada à energia negativa projetada pelos sentimentos de cobiça e insatisfação, é considerada uma energia capaz de trazer azar, bloquear caminhos e causar mal-estar físico, emocional e espiritual. O mau-olhado é a capacidade de provocar danos ou lançar feitiços por meio de um olhar carregado de negatividade.

Trata-se de um olhar penetrante, repleto de intenções hostis e perversas. Para muitos, é visto como uma expressão influenciada por forças demoníacas. A crença nesse fenômeno é tão antiga quanto abrangente, atravessando culturas e épocas, e tem sido amplamente ligada a práticas de magia e a superstições. Sobre o perigo que o mau-olhado representa, o rabino Judah Low afirmou: "Entenda e perceba que o mau-olhado concentra o elemento do fogo em seu interior", sendo, portanto, lançado com a intenção de causar destruição.

Atualmente, as pessoas estão mais cientes de que o efeito destrutivo de um olhar rancoroso está mais relacionado aos desejos maliciosos do próprio indivíduo do que à intervenção de forças demoníacas. Ainda assim, um olhar fulminante, aquele que parece consumir, ou um olhar carregado de maldade é capaz de intimidar até os mais instruídos e refinados. E isso não deveria nos surpreender. O mau-olhado é, em sua essência, a manifestação ativa e poderosa do "eu" tomado pela inveja.

Diante dessa ameaça, a humanidade sempre buscou proteção em múltiplos amuletos, plantas e rituais para desviar essa energia indesejada de seu destino. Entre os mais populares estão plantas como a espada-de-são-jorge, o comigo-ninguém-pode, a guiné, a Cruz de Caravaca, carrancas, estrela de cinco pontas, o Olho de Hórus, a mão de Fátima, o Olho Grego e muitos outros. Alguns talismãs, como a pimenteira, a figa (gesto popular de proteção contra o mal) e até o sal grosso, são um recurso usado em banhos mágicos ou na limpeza espiritual da casa e como barreiras contra a inveja.

A relação da inveja com o misticismo está enraizada em muitas tradições, e esses encantamentos são apenas uma parte das soluções mágicas que as pessoas buscam para se proteger. Além dos talismãs e amuletos, há também os benzimentos e as rezas fortes – rituais antigos que têm o poder de afastar a inveja e trazer paz ao espírito. Banhos de ervas e defumações são outra prática comum, funcionando como uma limpeza energética para aqueles que sentem o peso de energias carregadas ao redor. Muitos ainda acreditam que a cor vermelha afaste qualquer negatividade ou azar, e a utilizam para combater o mau-olhado e a inveja.

O poder do mau-olhado e o medo que ele inspira são amplamente reconhecidos, como mostram as diversas expressões usadas para descrever o olhar invejoso, o olho carregado de maldade ou a própria pessoa que lança esse tipo de olhar maléfico ou que age movida pela inveja. Os antigos gregos utilizavam a palavra *baskania* para expressar tanto o mau-olhado quanto a própria ideia de inveja. Já no contexto romano, a expressão equivalente era *fascinare*. Atualmente, o termo "fascinação" refere-se a um interesse intenso e avassalador por alguém ou algo, mas ao longo de quase dois milênios, fascinar e fascinação carregavam significados ligados a encantamentos, bruxaria e terror.

Para entender o efeito que um "fascinador" causava nas pessoas da Antiguidade, podemos compará-lo ao pavor que sentimos ao nos deparar com o olhar fixo de uma serpente prestes a atacar ou com os olhos brilhantes de um animal na escuridão. Com frequência, o mau-olhado foi associado a animais, sejam eles reais ou mitológicos, que possuem olhos grandes, salientes ou de cores vibrantes. Entre esses animais, destacam-se os lobos, os tigres, os falcões, os crocodilos, as serpentes e as criaturas reptilianas, como o lendário basilisco, que supostamente era capaz de matar apenas com um olhar.

O olhar dotado de poder mágico para causar o mal recebeu várias designações ao longo do tempo. Os romanos o chamavam de *oculus fascinus*, os sírios referiam-se a ele como *ainabasa*, e os judeus usavam a expressão *ayn-hara*. Na Itália contemporânea, o mau-olhado é conhecido como *malocchio*, e aquele que é tido como portador dessa habilidade é chamado de *jettatura*. Há pessoas que são facilmente identificadas e rotuladas como *jettatura*, pois a má sorte, o infortúnio ou o mau-olhado parecem segui-las por onde passam.

Os babilônios gravavam os nomes de seus deuses em tabuinhas de encantamento. Os egípcios, por sua vez, carregavam representações dos olhos de seus deuses e até mesmo os esculpiam nos corpos que seriam embalsamados. Entre esses símbolos, o Olho de Hórus, considerado um protetor contra o mal, era especialmente reverenciado. Em sua forma completa ou abreviada (a letra R maiúscula), ele era pintado em edifícios, barcos, documentos e em tudo que se considerava importante.

Os gregos, ao buscar proteção, usavam réplicas da cabeça de Medusa, baseando-se no princípio de que "semelhante cura semelhante". Para eles, a cabeça da Medusa não apenas afastava o olhar malicioso, como também o petrificava de medo, transformando-o em pedra. Esses recursos mágicos partem de um princípio básico: é preciso desviar o olhar invejoso, atraindo-o para si e neutralizando-o, antes que ele possa causar algum mal.

Na Roma antiga, por exemplo, o *fascinus*, um pingente em forma de falo, era utilizado para espantar o mau-olhado. Ele tinha o poder de afastar a inveja através do riso ou da surpresa, desviando o olhar negativo para longe do alvo. Os romanos também tinham o costume de colocar moedas sobre os olhos dos falecidos. A principal finalidade desse ritual era assegurar o pagamento a Caronte, o barqueiro responsável por conduzir as almas através do rio Estige rumo ao reino de Hades.

No entanto, as moedas tinham outra função importante: serviam como pesos para impedir que os mortos pudessem abrir os olhos e lançar seu olhar sobre os vivos. Do mesmo modo, povos antigos fechavam as pálpebras dos mortos e colocavam pequenos pesos sobre elas, na tentativa de impedir que os espíritos desencarnados pudessem lançar algum tipo de feitiço ou influência negativa sobre os que ainda estavam entre os vivos.

A ideia por trás dessas práticas é sempre a mesma: evitando que seu portador enfrente a inveja de maneira direta, os talismãs, amuletos e rituais "enganam" a energia negativa, captando-a ou desviando-a de seu destino original. Assim, a inveja não atinge o alvo pretendido, seja uma pessoa, um projeto ou um bem material, mas é neutralizada no meio do caminho.

É notório que todos esses elementos encantatórios e mágicos nos lembram da crença de que há forças invisíveis e negativas que podem nos influenciar, e que precisamos nos proteger delas. A inveja, como uma força destrutiva, é algo que não podemos ignorar, principalmente em uma sociedade que sempre buscou uma conexão com o sagrado. Nesse sentido, a combinação entre o místico e o espiritual é uma das formas mais antigas de se lidar com a inveja. Ao usar um talismã, uma arruda atrás da orelha ou um banho de sal grosso, estamos não só nos protegendo das energias externas, mas também reforçando nossa própria crença em um poder maior, em algo que nos guia e nos protege contra a maldade do mundo. Isso também fortalece nosso espírito, renovando a confiança em nossa jornada.

Seja por meio da fé, da crença nos poderes ocultos ou da realização de pequenos rituais cotidianos, o ato de buscar proteção contra a inveja e o mau-olhado transcende gerações e culturas. O que é certo é que a humanidade continuará, por muitos séculos, buscando formas de se proteger dessa energia invisível que, silenciosa e insidiosa, pode interferir em nossa vida. Seja com arruda, comigo-ninguém-pode, Olho Grego ou benzimentos, a busca por proteção espiritual contra a inveja é um reflexo da necessidade humana de sentir-se seguro em um mundo repleto de forças que estão além do nosso controle.

Precisamos, porém, refletir, ponderar e ampliar a consciência para encontrar outros caminhos, mais respostas e novas chaves que nos façam compreender a inveja como parte da condição humana. Buscar ajuda e suporte espiritual para combater o mal alheio e exorcizar demônios externos pode ser ainda mais interessante e útil quando também conseguimos reconhecer nossas próprias sombras. Ou seja, a inveja está em mim, está em você, está em todos nós. É uma semente fácil de germinar, crescer e se espalhar onde quer que encontre solo fértil.

Antes de avançarmos é importante ressaltar que a inveja muitas vezes é confundida com outros sentimentos ou emoções, como a cobiça, por exemplo, que é o desejo de possuir o que pertence a outra pessoa. Ela se manifesta quando a pessoa anseia por algo que não lhe pertence, movida pela ambição de adquirir esse bem. Dependendo da intenção por trás do desejo, a situação pode ser classificada como inveja ou cobiça: se a motivação principal é causar destruição ou prejuízo ao outro, estamos lidando com a inveja; se o objetivo é obter para si o bem almejado, trata-se de cobiça. Muitas vezes, esses dois sentimentos caminham juntos.

A admiração é uma reação positiva, um encantamento que sentimos pelas virtudes e qualidades que reconhecemos nos outros. Diferente da inveja e da cobiça, ela não carrega o desejo de posse ou destruição, mas o reconhecimento do que é valioso nos outros.

A emulação é a aspiração de alcançar ou até superar os feitos de alguém. Ela não carrega a carga destrutiva da inveja, sendo mais próxima da competição saudável, em que o desejo de se igualar ao outro serve como um incentivo para o crescimento pessoal.

O ressentimento, por sua vez, nasce de um desejo de retaliação quando percebemos que fomos vítimas de algo que julgamos injusto. Essa emoção carrega a mágoa e o desejo de ajustar as contas com quem nos prejudicou. Mas geralmente o ressentimento também é fruto da inveja.

Acredita-se que a inveja funcione como uma resposta psicológica ao ato de nos compararmos de maneira desfavorável a alguém. É uma tentativa, geralmente fracassada, de recuperar a autoestima perdida ao perceber que o outro é ou possui algo que gostaríamos de ser ou ter, mas nos sentimos incapazes de alcançar. Esse sentimento pode levar a uma variedade de reações, desde raiva e tristeza até negação do valor do que é invejado.

Assim como a raiva, o medo, o ciúme, e tantas outras emoções e sentimentos, a inveja também é uma emoção. Sabemos que as emoções são passageiras, portanto, não permanecem para sempre. Justamente por isso são "emoções", um termo que vem de "moção", que significa movimento. As emoções estão sempre em fluxo, mudando constantemente. Nós vivemos experimentando uma emoção após a outra.

A inveja é uma emoção enraizada no desejo de que o outro não desfrute de algo que valorizamos, seja um bem material, uma qualidade pessoal ou uma conquista. Ela provoca um desconforto doloroso com a posição de vantagem da outra pessoa, e pode desencadear uma série de emoções negativas, como o ódio, a angústia, e até a alegria secreta diante da queda ou do fracasso do outro.

Assim como as nuvens que passam no céu, as emoções também surgem e vão embora.

A inveja, tal como a cobiça e o ciúme, é uma emoção que sempre tem um alvo específico. Ela precisa ser direcionada para algo ou alguém para se manifestar plenamente. Sem um foco sobre o qual se concentrar e exercer sua influência, a inveja permanece apenas uma possibilidade latente, que ainda não se tornou uma realidade concreta. Ao contrário de um simples estado de espírito, a inveja não surge de maneira isolada e ela só ganha força quando o invejoso se fixa em algo ou alguém que desperta nele o desejo de competir ou de se comparar.

Essa emoção, a inveja, não é exclusiva de um período ou lugar, mas uma constante na história da raça humana, o que evidencia seu caráter universal. Ela podia ser encontrada tanto nas cortes dos reis da Idade Média, onde intrigas e conspirações eram alimentadas pelo desejo de destruir os rivais, quanto nos círculos sociais e corporativos de hoje, onde competições não declaradas, ressentimentos velados e sabotagens sutis podem emergir de um simples olhar de admiração que se transforma em rancor.

A inveja já foi responsável por causar tragédias, expulsar e até eliminar pessoas, afetando heróis, artistas, cientistas e até civilizações inteiras. No entanto, também desempenhou um papel importante no desenvolvimento do ser humano que somos hoje.

Em parte, evoluímos a partir de nossos antepassados porque a inveja nos ensinou a superar nossos rivais, a melhorar nossas habilidades de caça, a aprimorar a agricultura, a desenvolver uma ciência mais avançada, a criar músicas e poesias mais elaboradas. A inveja acompanha o progresso humano porque é, no fundo, uma emoção ligada à percepção de desigualdade e à comparação. E quanto mais nos comparamos, mais a cultivamos.

O problema da inveja não reside apenas em sua presença, mas em como ela se manifesta e age, muitas vezes de forma silenciosa e sorrateira. Ela é uma emoção que negamos com frequência, que preferimos ocultar, inclusive de nós mesmos. Afinal, admitir que sentimos inveja é reconhecer a falta de algo que desejamos e, ainda mais doloroso, quando vemos isso em outra pessoa.

Esse reconhecimento de nossas falhas ou insuficiências pode ser uma ferida no orgulho que o ego dificilmente quer confrontar. É por isso que a inveja foi colocada como um dos maiores pecados, sendo considerada por muitos filósofos e pensadores como a mais corrosiva das emoções humanas, uma espécie de câncer que abre um buraco no coração.

Diferente da raiva ou do ódio, que se manifestam de forma mais explícita, a inveja opera nas sombras, minando lentamente a visão que temos de nós mesmos e dos outros, distorcendo a realidade e, frequentemente, gerando danos irreparáveis nas relações.

Helena Blavatsky, influente mística e fundadora da Teosofia moderna, sustentava que a verdadeira magia maligna residia na inveja, expressa como uma capacidade interior de gerar mau-olhado. Em sua perspectiva, o mal não advinha de rituais, invocações de deuses ou demônios, nem da manipulação de forças naturais. Pelo contrário, o poder maligno emanava da própria subjetividade humana.

Segundo ela, a inveja não resultava de um desejo consciente de causar o mal, mas de uma energia interna mais profunda, anterior à vontade. Esse poder, ligado ao inconsciente, escapava ao controle direto de quem o sente, fazendo com que o indivíduo invejoso fosse impulsionado por algo que transcendia sua própria percepção. De acordo com Blavatsky, essa energia é incontrolável, agindo de forma sutil, mas intensa, escapando ao domínio consciente do indivíduo.

O invejoso, muitas vezes, desconhece completamente a extensão de sua influência, sendo guiado por uma força maior e mais profunda do que suas intenções conscientes. Assim, a inveja se transforma em algo capaz de causar estragos tanto na pessoa invejada quanto no próprio invejoso.

Isso revela o poder destrutivo da inveja quando não é reconhecida ou transformada. Esse fenômeno nos leva a refletir sobre as complexidades do inconsciente e a importância de assumirmos a responsabilidade sobre nossas emoções sombrias antes que elas causem danos ou nos engulam.

Aristóteles, em sua análise filosófica, já apontava que a inveja não seria apenas o desejo de possuir o que o outro tem, mas o desejo de que o outro não tenha aquilo que não podemos alcançar. A inveja, portanto, seria uma emoção destrutiva, que não almeja a superação por meio da própria conquista, mas pela anulação do sucesso alheio.

Ela mina o crescimento e a virtude, pois, em vez de impulsionar o indivíduo a buscar seu próprio caminho, o afasta de qualquer progresso. Outros filósofos viam na inveja um motor perigoso que alimentava o ressentimento e, em muitos casos, levava as pessoas a criarem sistemas morais que desvalorizavam o sucesso alheio, promovendo uma visão distorcida da realidade.

O ressentimento, que nasce da inveja não reconhecida, gera uma narrativa de inferioridade e vitimização, na qual o sucesso do outro é visto como um ataque à própria insuficiência. Portanto, o objetivo do invejoso é desmerecer as conquistas dos outros, não porque se considere melhor, mas justamente por sentir-se inferior e ter a necessidade de diminuir o outro para igualá-lo à sua própria mediocridade.

Se olharmos pelas lentes da Psicologia, a inveja também tem aspectos de perversidade, mas ao mesmo tempo carrega seu próprio antídoto. Estudiosos da obra de Carl G. Jung, médico, psiquiatra e psicoterapeuta suíço, fundador da teoria da Psicologia Analítica, afirmam que a inveja é um componente da *sombra*, aquela parte reprimida da nossa psique, que preferimos ignorar por ser incompatível com a imagem que temos de nós mesmos.

Essa sombra contém todos os aspectos de nossa personalidade que evitamos confrontar – emoções como inveja, raiva, medo e frustração. E, como qualquer parte da sombra que é ignorada, a inveja tem o potencial de crescer e se manifestar de maneiras destrutivas quando não integrada. Ela não desaparece ao ser reprimida, mas encontra novas formas de emergir: em relações tóxicas, em autossabotagem, em ressentimento crônico, entre outras. Quando se transforma em ressentimento, a inveja nos prende em um ciclo vicioso de comparações, onde a autocrítica e a desvalorização pessoal se tornam constantes.

Em 2009, uma pesquisa realizada pelo Instituto Nacional de Ciência Radiológica, em Tóquio, revelou o local onde a inveja é processada em nosso cérebro, utilizando ressonâncias magnéticas. Ela ocorre no córtex cingulado anterior, uma área da massa cinzenta situada logo atrás da testa, que também está envolvida na percepção da dor física. Em outras palavras, sentir inveja pode ser tão desconfortável quanto a dor física.

Por outro lado, a inveja também pode proporcionar certa satisfação. De acordo com o mesmo estudo, o *estriado ventral*, uma região cerebral responsável pelo processamento do prazer, é acionado quando experimentamos *Schadenfreude*. Esse termo alemão, sem tradução exata em outras línguas, descreve o prazer que sentimos ao ver alguém que invejamos enfrentar dificuldades.

Mas como podemos lidar com a inveja, tanto a nossa quanto a dos outros? O primeiro passo é o reconhecimento. Negar, reprimir ou fingir que não sentimos inveja só a fortalece. Aceitar que ela é uma emoção natural e universal é fundamental para iniciar um processo de transformação.

Quando identificada e compreendida, a inveja pode nos trazer reflexões. O que ela revela sobre nossos desejos? O que ela nos diz sobre aquilo que sentimos faltar em nossa vida? Em muitos casos, o que invejamos nos outros é um reflexo de nossos próprios sonhos não realizados. E, ao perceber isso, podemos transformar a inveja em fonte de inspiração, usando-a como uma motivação para buscar aquilo que realmente queremos, melhorar algo em nós mesmos, em vez de nos deixarmos consumir por ela.

Além disso, é essencial desenvolver uma atitude de compaixão e gratidão. A espiritualidade nos ensina que a inveja pode ser transmutada por meio de práticas que nos afastam da comparação constante e nos conectam com a abundância presente em nossa própria vida. O Budismo, por exemplo, sugere que, ao cultivar a alegria pelo sucesso dos outros, dissolvemos o veneno da inveja dentro de nós. No Cristianismo, o ato de "amar ao próximo" também implica uma renúncia à comparação e ao desejo de ver o outro falhar. Esses ensinamentos espirituais, como tantos outros, nos convidam a focar na aceitação de que cada um de nós tem um caminho único.

Há uma sabedoria antiga que diz que a inveja pode ser um espelho. Quando invejamos algo, estamos vendo refletido ali um desejo profundo que alimentamos, a falta de uma parte de nós mesmos que ainda não integramos.

A inveja, quando vista por esse ângulo, pode ser uma fonte de autoconhecimento. Ela nos ensina sobre nossas ambições, nossos medos e, acima de tudo, sobre quem queremos nos tornar. Mas, para que essa transformação ocorra, é necessário encarar a inveja com honestidade e coragem. Somente assim podemos passar da comparação destrutiva para a inspiração criativa.

A verdadeira alquimia da inveja é sua transmutação. Em vez de sucumbirmos a ela, podemos usá-la como uma ferramenta de crescimento, uma força propulsora para nossas realizações. O caminho para essa transformação não é fácil, pois exige autoconhecimento, humildade e a capacidade de abandonar partes do ego que nos aprisionam em ilusões e atravessar nossas sombras interiores. No entanto, ao nos dedicar a essa jornada, descobrimos que: a inveja não precisa ser um inimigo oculto que nos envenena, mas pode ser um guia que nos mostra em que aspecto podemos crescer e nos desenvolver.

Cada vez que escolhemos
transformar a inveja
em possibilidade de algo
bom e ressignificá-la com
consciência, estamos
praticando uma das mais
antigas formas de alquimia:
a transmutação de nossas
sombras em luz.

Os Tipos de Inveja

Muitas são as razões que levam uma pessoa a sentir inveja e essas motivações podem ser material, social, existencial e até mesmo pessoal, e em cada uma dessas situações o invejoso se sente diminuído de alguma forma. E em seu olhar distorcido, o invejado sempre é o culpado por sua própria pequenez e inferioridade.

A inveja pode ser dividida em categorias, de acordo com a maneira como ela se manifesta e com o impacto que gera na vida de uma pessoa. Segundo o escritor Francesco Alberoni, em seu livro *Os Invejosos* (1996), existe uma classificação que abrange seis diferentes tipos de inveja, cada uma com suas particularidades. Ela se divide da seguinte maneira:

1. Inveja Competitiva

Este tipo de inveja é caracterizado pelo desejo de se igualar ou ultrapassar alguém que é percebido como superior em algum aspecto. Em vez de paralisar, a inveja competitiva pode ser construtiva, servindo como um motor que incentiva a pessoa a melhorar, a buscar desenvolvimento pessoal ou profissional. Quando o sentimento é canalizado de maneira positiva, ele pode gerar resultados criativos e produtivos, transformando-se em um estímulo para a pessoa tomar iniciativas e se superar.

2. Inveja Depressiva

A inveja depressiva ocorre quando a pessoa se sente inferior a tal ponto que o sentimento de inveja se transforma em desânimo e desmotivação. Neste caso, a percepção de inferioridade é tão forte que impede qualquer tentativa de progresso, levando à paralisia emocional e mental. Em vez de lutar para melhorar, o indivíduo mergulha em uma sensação de fracasso, aceitando sua suposta incapacidade de obter ou alcançar o que o outro possui.

3. Inveja Obsessiva

Aqui, a inveja se torna uma obsessão constante. Mesmo que o invejoso tente superar a pessoa que é objeto de sua inveja, ele nunca parece alcançar esse objetivo, pois a superioridade do outro é percebida como inatingível. Essa obsessão pode dominar o pensamento do indivíduo, tornando-se uma ideia fixa. Théophile Ribot denominou essa forma de inveja de "inveja-paixão", comparando-a às paixões humanas, uma vez que é duradoura, intensa e perturbadora. Quanto mais o invejado se destaca, mais dolorosa e evidente se torna a sensação de inferioridade do invejoso.

4. Inveja Maligna

A inveja maligna é talvez uma das formas mais destrutivas de inveja. Nesse caso, o invejoso sente prazer não em possuir o que o outro tem, mas em ver o outro perder o que tem. É o sentimento de satisfação diante do fracasso, da dor ou do sofrimento alheio. O termo alemão *Schadenfreude* descreve precisamente essa sensação de alegria diante da desgraça do outro.

5. Inveja Avarenta

A inveja avarenta é marcada por um medo constante de que outras pessoas possam alcançar ou superar o invejoso, especialmente em relação ao crescimento de concorrentes. Um exemplo típico é o sentimento de inveja que indivíduos mais velhos podem nutrir contra os mais jovens, quando estes começam a ganhar destaque e ameaçam tomar seu lugar. O foco dessa inveja está na autopreservação e no pânico de ser ultrapassado ou substituído.

6. Inveja Iniciática

A inveja iniciática é um tipo de inveja passageira. Ela surge como uma reação temporária à ascensão de outra pessoa, gerando o desejo de explorar ou ultrapassar o alvo da inveja sem prejudicá-lo. Essa forma de inveja, por ser transitória, costuma desaparecer rapidamente à medida que a pessoa se desenvolve e encontra seu próprio caminho e sucesso. Neste caso, a inveja inicial, causadora da raiva do outro, logo se transforma em algo inspirador e o invejado por vezes passa a ser considerado um modelo a ser seguido.

Essas variações de inveja mostram como essa emoção pode se manifestar de formas diversas: desde sentimentos que servem como motivação para o crescimento pessoal até emoções profundamente negativas, capazes de destruir e consumir completamente o indivíduo. Cada tipo exige uma abordagem diferente para ser reconhecido e, se necessário, superado.

A Inveja como Reflexo de Si Mesmo

"A candeia do corpo são os olhos; de sorte que, se os teus olhos forem bons, todo teu corpo terá luz. Porém se teus olhos forem maus, todo o teu corpo estará em trevas."

– Mateus 6:22-23

Todos nós, em algum momento da vida, experimentamos essa sensação desconfortável ao observarmos a conquista de alguém e constatarmos que aquilo que admiramos no outro está fora de nosso alcance. Mas, à medida que mergulhamos na essência do significado da inveja, nos damos conta de que ela é menos sobre o outro e mais sobre nós mesmos.

Não temos como exterminar a inveja alheia. Mas esse vício secreto e traiçoeiro pode ser corrigido em quem se propõe a enfrentá-lo dentro de si mesmo; para que isso ocorra, precisamos encará-la como uma ponte para a transformação e o autoconhecimento.

Podemos começar a pensar que a inveja funciona, na verdade, como um espelho da nossa própria alma, revelando desejos não realizados, inseguranças ocultas e uma insatisfação com o nosso lugar no mundo. Quando sentimos inveja, estamos diante de uma oportunidade única de desenvolvimento interior, em que temos a chance de confrontar as partes de nós que ainda não aceitamos ou que não aprimoramos.

A ideia de que a inveja é um reflexo de nós mesmos é interessante porque nos obriga a uma autorreflexão. Quando sentimos inveja de alguém, não estamos apenas observando o sucesso ou as qualidades da outra pessoa, mas também projetando nela nossa própria frustração, nossas próprias limitações.

A inveja é um lembrete de que há algo dentro de nós que está incompleto ou insatisfeito. E, muitas vezes, aquilo que invejamos nos outros é o que desejamos para nós mesmos, mas acreditamos que não somos capazes de alcançar. Nesse sentido, a inveja é uma ferida emocional que surge quando nos comparamos ao outro e percebemos que nosso valor, nossa autoestima e nosso autorrespeito parecem encolher. É a amarga sensação de notar o que nos falta, aquela pontada incômoda que sentimos ao ver no outro qualidades ou conquistas que julgamos superiores às nossas.

Um dos exemplos mais nítidos dessa dinâmica pode ser encontrado na vida profissional. Imagine, por exemplo, que alguém sinta inveja de um colega de trabalho que acabou de ser promovido. A promoção em si não é a raiz da inveja, mas o que ela simboliza: reconhecimento, sucesso e talvez uma validação do esforço e dos talentos do outro. A promoção do outro se torna um espelho que reflete os desejos não atendidos de quem sente inveja, trazendo à tona dúvidas como "Por que não eu?", "Será que não sou bom o suficiente?", "Não sou talentoso no que faço?" ou "Estou sendo deixado para trás?". A emoção que brota diante dessa comparação não é causada apenas pela promoção do outro, mas pelo desejo de ser valorizado e o medo de ser irrelevante.

É precisamente nesse ponto que a inveja se transforma em um campo fértil para o autoconhecimento. Ela nos força a olhar para os espaços em branco em nossa vida, para aquilo que negligenciamos ou reprimimos. O processo de observar a inveja não é apenas um exercício de autocrítica, mas um convite para que nos familiarizemos com nossas próprias necessidades e aspirações. Ao identificar o que invejamos no outro, conseguimos traçar um caminho mais claro para os nossos próprios desejos e, ao fazer isso, transformamos a inveja em uma bússola para a realização pessoal.

Ao explorar a inveja como um reflexo de nós mesmos, nos deparamos com outro fenômeno interessante que está além da comparação: a tendência de projetar no outro aquilo que não aceitamos em nós. Muitas vezes, a inveja revela não só nossos desejos, mas também nossas inseguranças. O que invejamos no outro pode ser exatamente o que negamos ou reprimimos em nós mesmos.

Por exemplo, uma pessoa que sempre se orgulhou de ser racional e controlada pode sentir inveja da espontaneidade, da afetividade e da criatividade de uma pessoa próxima. Essa inveja não ocorre porque ela realmente despreza essas qualidades no outro, mas porque, em algum nível, sente que não consegue manifestar essas características em si mesma. Nesse caso, a inveja reflete um aspecto reprimido da sua personalidade que precisa ser desenvolvido, mas que ela acredita, de alguma forma, não ser capaz de alcançar.

Com a ideia da *sombra*, mencionada anteriormente, Carl G. Jung explica como projetamos aspectos reprimidos da nossa psique nos outros. A inveja, assim como outras emoções negativas, faz parte dessa sombra. Ela carrega, muitas vezes, traços de nosso potencial inexplorado. Aquilo que invejamos nos outros pode ser uma projeção daquilo que gostaríamos de desenvolver, mas, por medo, insegurança ou falta de oportunidade, não conseguimos manifestar plenamente.

A inveja, por mais incômoda que seja, pode ser uma ferramenta de alquimia e transformação. No lugar de resistir a ela ou nos envergonharmos por senti-la, podemos acolher a inveja como uma oportunidade de crescimento. Quando entendemos que a inveja é um reflexo de nossas aspirações não atendidas, podemos começar a trabalhar ativamente para alinhar nossas ações com nossos verdadeiros desejos.

Se invejamos a confiança e a coragem de alguém, isso pode ser um sinal de que precisamos trabalhar a nossa própria autoconfiança e buscar maneiras de nos expressarmos com mais autenticidade. No entanto, é preciso ter em mente que enfrentar a inveja exige vulnerabilidade e coragem. Isso nos desafia a encarar as partes de nós mesmos que preferimos ignorar. Esse processo pode ser desconfortável, principalmente quando percebemos que a raiz da inveja está em sentimentos de inadequação ou insuficiência que tentamos evitar. Mas é justamente nesse confronto que está o potencial de transformação.

Quando somos capazes de reconhecer que a inveja está nos mostrando um desejo pessoal profundo, podemos transformá-la em um guia para o autodesenvolvimento. Em vez de olhar o sucesso do outro como uma ameaça, podemos usá-lo como uma inspiração para alcançar nossos próprios objetivos.

Uma maneira eficaz de lidar com a inveja é cultivar a compaixão por nós mesmos e a autoaceitação. Em vez de nos punirmos por sentir inveja, devemos reconhecer que essa emoção é natural e que ela pode nos ensinar muito sobre quem somos e o que desejamos. Ao desenvolver uma relação mais compassiva conosco, somos capazes de encarar nossas falhas e limitações com mais gentileza, o que nos permite crescer de maneira mais saudável. Ao aceitarmos que cada um tem sua própria história, conseguimos ver as conquistas dos outros sem nos sentirmos diminuídos por elas. Cada pessoa trilha um caminho único, com seus próprios desafios e vitórias, e entender isso nos ajuda a nos concentrar em nosso próprio progresso, afastando o hábito de nos compararmos constantemente aos outros.

No campo espiritual, muitas tradições ensinam que a inveja é uma manifestação de desconexão com nosso propósito maior. Quando estamos em sintonia com nossos valores e com o que realmente importa para nós, a comparação perde sua força. Ao nos conectarmos com nossa essência, percebemos que aquilo que o outro tem ou faz não tem nenhuma relação com o nosso valor pessoal. A inveja, nesse contexto, é uma distração que nos afasta de nossa caminhada espiritual.

No entanto, a inveja alheia também pode ser um reflexo dos sentimentos reprimidos de outras pessoas em relação a nós. Assim como projetamos nossas próprias inseguranças nos outros, aqueles que sentem inveja de nós também estão, muitas vezes, refletindo suas próprias frustrações. Nesse caso, é importante desenvolver a sensibilidade para reconhecer esses sinais e aprender a não absorver a negatividade projetada pelos outros. Estabelecer limites saudáveis e manter uma perspectiva equilibrada do nosso valor ajuda a lidar com as projeções invejosas dos outros.

A inveja como possibilidade de reflexo de si mesmo nos desafia a olhar além da superfície. Ao compreender que a inveja não é simplesmente sobre o que o outro possui, mas uma indicação de nossos próprios desejos, aspirações e inseguranças, podemos usá-la como uma oportunidade de crescimento. Em vez de permitir que a inveja nos consuma, podemos transformá-la em uma força de mudança, um farol que nos guie em direção ao autoconhecimento e à realização pessoal. Afinal, ao nos voltarmos para dentro e aceitarmos quem somos, descobrimos que a verdadeira paz e satisfação não estão em competir com os outros, mas em nos conectarmos com nossa própria verdade.

Admiração ou Inveja – Como Diferenciar?

A admiração e a inveja são duas emoções que se entrelaçam, mas que são muito diferentes em sua essência. Ambas surgem quando observamos algo que desejamos em outra pessoa – uma qualidade, uma conquista, um estilo de vida.

A admiração nos inspira, nos impulsiona a seguir em frente, a aprender com o exemplo do outro. Ela nos motiva a crescer, a buscar o desenvolvimento pessoal e a nos aproximarmos daquilo que valorizamos. A inveja, por outro lado, nos envenena. Ela nos prende a uma comparação constante, alimenta um senso de inferioridade e nos impede de enxergar nosso próprio valor e potencial.

Quando não reconhecida e trabalhada, a inveja pode se tornar uma âncora emocional, mantendo-nos presos em um ciclo de ressentimento e frustração. A questão central, portanto, é: onde traçamos a linha entre a admiração saudável e a inveja tóxica?

A primeira diferença entre essas duas emoções está na maneira como nos relacionamos com o sucesso ou com as qualidades da outra pessoa. Quando admiramos alguém, reconhecemos o valor dessa pessoa e, ao mesmo tempo, aceitamos que podemos aprender com ela. A admiração nasce do respeito e da curiosidade, duas forças que podem nos levar a um crescimento significativo.

Por exemplo, ao ver um colega que conseguiu um grande avanço na carreira, podemos sentir admiração por sua dedicação, por suas habilidades e pelo esforço que o levou até ali. Nesse processo, a admiração se torna uma fonte de inspiração: "O que posso aprender com essa pessoa? Como posso aplicar esses valores ou comportamentos na minha própria jornada e obter sucesso?".

Essa visão positiva da admiração nos mostra que ela é, essencialmente, uma emoção expansiva. Ao admirar alguém, não nos sentimos diminuídos. Pelo contrário, a admiração nos motiva a agir, a buscar nossas próprias conquistas e, muitas vezes, a celebrar a felicidade e o sucesso dos outros. Ela nos enriquece emocionalmente, fortalecendo nossa autoestima e reforçando a ideia de que somos capazes de evoluir.

A inveja, por sua vez, toma um caminho muito diferente. Longe de ser uma emoção expansiva, ela nos restringe. Enquanto a admiração nos inspira a crescer, a inveja nos limita, porque nasce da comparação. Ela emerge quando, ao observar o sucesso ou as qualidades de outra pessoa, não conseguimos apenas admirar, mas começamos a nos sentir ameaçados ou diminuídos. A linha que separa a admiração da inveja pode ser muito tênue, mas a diferença fundamental está em como percebemos o sucesso alheio: não nos inspiramos, nós nos sentimos como se estivéssemos numa competição. Mas essa competição geralmente só existe na mente do invejoso.

A inveja é uma emoção que se alimenta da escassez. Quando invejamos alguém, estamos operando sob a crença de que não existe, neste mundo, sucesso, amor, felicidade ou reconhecimento suficiente para todos.

O que o outro tem é visto como algo que nos foi negado, o que gera um profundo sentimento de que fomos injustiçados. Nesse cenário, não vemos o sucesso do outro como um exemplo a ser seguido, mas como uma lembrança dolorosa de nossas próprias falhas ou lacunas. E é aí que a inveja se transforma em uma bola de chumbo emocional, nos prendendo em um ciclo de comparação e autodepreciação. Em vez de nos impulsionar para a frente, ela nos puxa para baixo.

A inveja, em alguns casos, pode gerar ressentimento não apenas em relação ao outro, mas também em relação a nós mesmos. Podemos nos sentir incapazes e insuficientes, como se nunca fôssemos dignos de alcançar o que o outro conquistou. Em outros casos, a inveja pode levar a uma hostilidade velada, manifestada por comentários depreciativos ou atitudes que visam minar o sucesso do outro. Às vezes, podemos até racionalizar nosso ressentimento com críticas injustas, para nos protegermos da dor da comparação. No entanto, essa hostilidade não resolve a raiz do problema – apenas aprofunda o ciclo de frustração e nos afasta do autoconhecimento.

Reconhecer essa linha tênue entre admiração e inveja é fundamental para nosso bem-estar emocional. A inveja nos impede de ver o outro como um igual. Ela transforma a experiência do sucesso alheio em uma ameaça ao nosso próprio valor. A admiração nos coloca em um estado de curiosidade e respeito. O sucesso de outra pessoa não diminui o nosso; ele nos inspira a buscar o nosso melhor e a nossa própria versão de sucesso.

Para evitar que a admiração se transforme em inveja, precisamos cultivar a prática do autoconhecimento e da gratidão. O primeiro passo é reconhecer que a comparação é inevitável – somos seres sociais e estamos constantemente avaliando com base nos outros. No entanto, podemos controlar a maneira como lidamos com essas comparações. Em vez de focarmos o que nos falta, podemos nos concentrar no que já conquistamos, no caminho que estamos trilhando e no que ainda queremos alcançar. Essa mudança de foco nos ajuda a evitar a armadilha da inveja. Outro aspecto importante é a aceitação da singularidade do caminho de cada pessoa. A jornada de ninguém é igual. Aquilo que admiramos em outra pessoa pode ser fruto de um conjunto de experiências, escolhas e oportunidades únicas, que não necessariamente se aplicam a nossa própria vida.

Portanto, a chave para traçar a linha entre admiração e inveja está na nossa capacidade de reconhecer nossos sentimentos e direcioná-los de maneira construtiva. Transformar a inveja em admiração envolve, inicialmente, a aceitação de quem somos, do que temos e do que ainda podemos conquistar.

Ao cultivar a admiração como uma força inspiradora, nós nos abrimos para o crescimento genuíno. Passamos a reconhecer que o sucesso dos outros não diminui o nosso, e que há espaço para todos florescerem de acordo com suas próprias capacidades e potencialidades.

A Transcendência da Inveja – O Caminho da Conexão Interior

A transcendência da inveja está intimamente ligada à reconexão com nossa verdadeira essência. Ao nos distanciarmos de quem realmente somos e do que é significativo para nós, tornamo-nos vulneráveis às comparações constantes e ao sentimento de inadequação que a inveja traz. Para dar passos concretos rumo à superação desse sentimento, precisamos entender o conceito de propósito e como ele pode ser uma bússola para a construção de uma vida com mais sentido e significado. O propósito, por sua natureza, nos orienta e nos conecta com o que realmente importa, e, ao cultivá-lo, nos afastamos da armadilha da inveja.

Muitas vezes, o conceito de propósito é mal compreendido. Tendemos a acreditar que ele está associado a uma grande missão ou a um chamado extraordinário que precisamos descobrir e seguir ao longo da vida. Embora o propósito possa, de fato, envolver metas grandiosas, ele não precisa, necessariamente, ser algo monumental. Na realidade, o propósito de vida pode estar nas pequenas coisas, nas atividades cotidianas que trazem significado, naquilo que fazemos com paixão e que nos conecta com nossa essência.

A descoberta do propósito de vida não é algo que se alcança de forma rápida ou instantânea; envolve um processo de autoconhecimento árduo e constante. Requer que nos perguntemos, de forma honesta e aberta: "O que realmente me motiva? O que desperta entusiasmo em mim? O que eu faria com alegria, mesmo sem reconhecimento ou recompensa externa?". Essas perguntas, quando respondidas com sinceridade, ajudam-nos a identificar aquilo que nos traz satisfação e nos conecta com algo maior do que nós mesmos. Nosso propósito pode estar ligado ao trabalho, mas também pode ser encontrado em nossas relações pessoais, à criatividade, à expressão artística, a um *hobby* ou até mesmo ao cuidado com os outros. As possibilidades são infinitas, acredite!

A construção de um propósito de vida está relacionada ao alinhamento entre o que fazemos e quem somos. Quando nossas ações, escolhas e objetivos estão em sintonia com valores pessoais, passamos a viver de maneira mais autêntica. Essa autenticidade é a base para superarmos a inveja. Quando estamos vivendo em harmonia com nosso propósito, deixamos de sentir a necessidade de nos compararmos aos outros, porque temos a segurança de que estamos trilhando o caminho certo para nós mesmos, independentemente do que os outros estão fazendo. O propósito nos dá uma sensação de direção e paz, pois nos faz viver de acordo com aquilo que acreditamos e valorizamos, cumprindo o nosso destino.

É importante lembrar que o propósito não é algo estático. Ao longo do tempo, ele pode mudar, evoluir e se adaptar às nossas novas circunstâncias e fases da vida. O que fazia sentido aos 20 anos pode não ser o que nos motiva aos 40 ou aos 60. Essa flexibilidade é fundamental para o crescimento pessoal. Muitas vezes, a inveja surge justamente quando estamos em períodos de transição, quando sentimos que estamos encerrando ciclos que não voltarão. Nesses momentos, precisamos nos permitir repensar nossos propósitos e ajustar nossas expectativas, entendendo que a busca por significado é uma jornada contínua.

Lembre-se sempre de que não é necessário ter um grande propósito definido para viver de forma significativa. Pequenos propósitos cotidianos são igualmente fundamentais e valiosos para nos sentirmos conectados e realizados. Eles podem envolver ações simples, como passar tempo de qualidade com a família, aprender uma nova habilidade, ser gentil com alguém ou nos dedicar a um projeto criativo. Quando incorporamos essas ações em nosso dia a dia, percebemos que a vida ganha mais significado não apenas nas grandes realizações, mas também nas pequenas escolhas que fazemos diariamente. É nesse processo que começamos a nos libertar da inveja, pois direcionamos nossa energia para aquilo que realmente importa, em vez de nos fixarmos nas realizações dos outros.

Outro passo relevante na construção de um propósito é nos aproximarmos daquilo que realmente amamos fazer. Na correria do dia a dia, muitas vezes perdemos de vista as atividades que nos trazem alegria e realização. A rotina, as obrigações e as expectativas sociais nos afastam dos nossos verdadeiros desejos e, sem perceber, acabamos vivendo uma vida desconectada de quem somos. Nesse espaço de desconexão, a inveja encontra terreno fértil para crescer, alastrando-se como uma erva daninha.

Quando não estamos engajados em atividades que nos trazem satisfação e plenitude, tornamo-nos mais propensos a olhar para os outros e sentir que estamos ficando para trás. Por isso, precisamos reservar tempo e energia para nos dedicarmos ao que nos apaixona. Pode ser qualquer coisa: desde *hobbies* simples, como ler, cozinhar ou pintar, até projetos mais complexos, como desenvolver algo novo no trabalho ou aprender uma habilidade diferente. Quando estamos envolvidos em algo que amamos fazer, entramos em um estado de fluxo, em que o tempo parece passar sem que percebamos, e somos preenchidos por uma sensação de paz e realização.

Quando nos dedicamos ao que amamos, estamos, na verdade, nutrindo a nossa alma. Muitas vezes, a inveja surge quando estamos emocionalmente famintos, quando nossas necessidades interiores não estão sendo atendidas.

Aos nos dedicarmos a atividades que nos trazem prazer e propósito, preenchemos esse vazio interior com algo significativo e consistente, que nos torna mais resistentes às comparações e menos vulneráveis à negatividade gerada pela inveja.

Criar pequenos propósitos no dia a dia nos ajuda a abandonar a espera pela "grande" realização que transformará a nossa vida e a valorizar as pequenas conquistas. Essa prática nos aproxima de um estado de gratidão e presença, afastando sentimentos de inferioridade ou inadequação. Quando estamos concentrados em nossas próprias metas e objetivos, por menores que sejam, conseguimos reconhecer o nosso progresso e celebrar nossas vitórias, o que diminui a tendência de invejar o progresso dos outros.

Essa reconexão com nós mesmos é o verdadeiro antídoto para a inveja. Quando estamos em paz com nossa trajetória, deixamos de nos preocupar com a dos outros. Transcender a inveja torna-se um resultado natural de uma existência vivida com propósito, gratidão e autenticidade.

A inveja, que muitas vezes reflete nossa desconexão com a nossa essência, perde sua força à medida que redescobrimos o que nos traz sentido e alegria na vida. Nesse processo de reconexão, passamos a entender que a verdadeira realização não está em superar os outros ou conquistar tudo o que a sociedade valoriza, mas sim em viver uma vida em harmonia com nossos valores, dons e, acima de tudo, com nossa alma.

Estar cercado de pessoas que também estão comprometidas com seus propósitos de alma, e que valorizam a autenticidade e o crescimento pessoal, pode nos inspirar e motivar a manter o foco e a determinação em nossa própria trajetória. Quando nos envolvemos em comunidades ou grupos que compartilham nossos valores e nos relacionamos com pessoas motivadas e sinceras, os sentimentos de comparação tóxica e de inveja tendem a se dissipar, sendo substituídos por um senso de apoio mútuo e pela celebração recíproca das conquistas individuais.

É fundamental também ter em mente que o caminho rumo ao nosso propósito não é linear. A vida é cheia de reviravoltas, e nem sempre temos clareza sobre o nosso propósito. Haverá momentos em que nos sentiremos perdidos ou desconectados. Nesses períodos, a inveja pode despontar em nós novamente, levando-nos a acreditar que estamos ficando para trás em comparação aos outros. A prática de aceitar a impermanência e as mudanças da vida nos ajuda a cultivar uma perspectiva mais equilibrada sobre o tempo que levamos para alcançar nossas metas e até mesmo para ressignificá-las, quando necessário.

Quando nos permitimos entrar em sintonia com esse fluxo, tratamos a nós mesmos com mais gentileza, evitando cair na armadilha da autocrítica. Essa atitude de autocuidado torna-se uma lição essencial para superar a inveja. Ao cultivarmos a autocompaixão, nos tornamos mais tolerantes com nossas falhas e com o tempo que levamos para atingir nossos objetivos. Além disso, a autocompaixão nos protege da pressão de nos compararmos aos outros, ajudando-nos a reconhecer que todos enfrentam desafios, frustrações e momentos de incerteza. Ao nos tratarmos com a mesma empatia e compreensão que oferecemos aos outros, fortalecemos nossa autoestima e reduzimos o impacto negativo da inveja em nossa vida.

A transcendência da inveja e a construção de uma vida com propósito nos convidam a adotar a crença de abundância. Quando acreditamos que o universo é próspero e que há oportunidades e conquistas suficientes para todos, a inveja perde sua força.

Essa mentalidade de abundância nos mostra que o sucesso alheio não diminui nossas chances de prosperar. Não precisamos encarar os outros como concorrentes e podemos celebrar suas conquistas e até utilizá-las como fonte de inspiração e aprendizado. Ao cultivar essa perspectiva mais ampla e generosa, a inveja deixa de ser uma emoção que nos aprisiona e se transforma em um impulso para o nosso crescimento e desenvolvimento.

Capítulo 2

A Riqueza Oculta nas Sombras

"O ódio espuma. A preguiça se derrama. A gula engorda. A avareza acumula. A luxúria se oferece. O orgulho brilha. Só a inveja se esconde."

– Zuenir Ventura

Até aqui já compreendemos que a inveja é um sentimento corrosivo, uma emoção que nos afasta de nossa própria paz interior. Mas ela também tem um lado menos explorado, uma riqueza oculta nas sombras que, se adequadamente trabalhada, pode nos proporcionar grandes aprendizados. Para entender a inveja em sua totalidade, é necessário reconhecer que ela não é uma força que precisa ser combatida ou negada, mas sim compreendida e integrada dentro de nós.

A inveja é um espelho que reflete nossos desejos mais íntimos e as áreas da nossa vida em que sentimos carência. No entanto, por trás dessa faceta sombria, existe uma oportunidade poderosa de autoconhecimento. Quando encarada com honestidade, a inveja revela o que realmente importa para nós, trazendo à tona desejos que, muitas vezes, negligenciamos em nosso cotidiano.

Ao contrário de nos sentirmos culpados por ter inveja, podemos usá-la como uma bússola, orientando-nos para aquilo que precisamos cultivar dentro de nós.

Com frequência, ao sentir inveja, não estamos desejando tomar o que pertence ao outro, mas sim buscando suprir algo que sentimos estar faltando dentro de nós. Esse sentimento surge em momentos nos quais nos sentimos desconectados com a nossa própria jornada, levando-nos a olhar para fora, para buscar externamente aquilo que ainda não identificamos em nosso interior. O erro está em acreditar que o sucesso, a felicidade ou a realização do outro diminuem o nosso próprio valor.

Embora muitas vezes visto como negativa, a inveja pode se transformar em uma força propulsora de mudança quando a encaramos com maturidade. Ela nos desafia a refletir sobre as nossas ambições e a redescobrir o que realmente importa em nossa vida.

O segredo para lidar com a inveja está na capacidade de enxergá-la como uma mestra, uma parte de nós que, embora desconfortável, carrega sabedoria. Quando adotamos essa perspectiva, começamos a desvendar a riqueza oculta que a inveja nos oferece: um caminho claro para o autoconhecimento e certamente para a transformação.

Reconhecendo nossos desejos, podemos transformar a inveja em ação. Se, ao analisar nossos sentimentos, percebermos que admiramos no outro algo que também queremos alcançar, podemos usar essa percepção para redefinir nossas metas e tomar medidas concretas. Assim, a inveja deixa de ser paralisante e se torna uma fonte de motivação para a melhoria contínua. Esse processo nos permite deixar de lado comparações constantes com os outros e começamos a focar em nosso próprio progresso.

Quando utilizamos a inveja como uma ferramenta de crescimento, escolhemos transformar uma emoção desafiadora em um catalisador para mudanças positivas. No lugar de nos deixarmos consumir por ela, podemos usá-la para guiar nosso autoconhecimento, promover a ação e alcançar o desenvolvimento pessoal, o que inevitavelmente nos levará ao sucesso e à realização.

As Consequências da Repressão – O Custo de Negar a Inveja

Negar a inveja pode trazer consequências prejudiciais. Quando reprimimos esse sentimento sem confrontá-lo, acumulamos ressentimentos e frustrações que, com o tempo, podem se manifestar de formas destrutivas. Ignorar a inveja não a faz desaparecer; pelo contrário, a negação muitas vezes amplifica seu impacto, tanto emocional quanto socialmente. Reconhecê-la e trabalhar com ela é essencial para promover um crescimento genuíno.

A repressão da inveja é uma reação comum, principalmente em sociedades que a tratam como algo vergonhoso ou imoral. O sentimento de inveja é com frequência associado à fraqueza, à cobiça ou à inadequação, o que nos leva a negar que ele faça parte da nossa vida. No entanto, ao fazer isso, estamos apenas escondendo o problema, como varrer a sujeira para debaixo do tapete, sem realmente enfrentá-lo.

O acúmulo de inveja reprimida pode criar um ciclo de ressentimento, em que as frustrações acabam se voltando contra nós mesmos ou contra aqueles ao nosso redor.

Quando não reconhecemos a inveja, ela encontra maneiras sutis de se manifestar, como críticas constantes, cinismo ou uma sensação de amargura diante das conquistas alheias. Essas atitudes não apenas prejudicam as nossas relações, tornando-as superficiais e envenenadas por negatividade, mas também impedem que lidemos com o verdadeiro problema de forma saudável.

Negar a inveja nos impede de compreender nossos próprios desejos e necessidades. Ao evitar o que a inveja tenta nos revelar, perdemos a oportunidade de aprender mais sobre nós mesmos e de agir para satisfazer nossos anseios. O custo de reprimir esse sentimento é duplo: no plano emocional, acumulamos frustração, rancor e ressentimento; no plano social, nossas relações sofrem com comportamentos tóxicos e deixamos de aproveitar oportunidades de crescimento e desenvolvimento pessoal.

Os Padrões da Inveja

Identificar os padrões da inveja é essencial para lidar com essa emoção de maneira consciente e construtiva. A inveja raramente surge ao acaso; ela costuma estar ligada a certos gatilhos emocionais e situações específicas. Compreender quando e por que sentimos inveja nos ajuda a nos preparar melhor para enfrentar essa emoção de maneira mais produtiva.

Um dos padrões mais recorrentes de inveja está relacionado à comparação constante. Vivemos em uma sociedade que nos incentiva a nos medir em relação aos outros, seja pelo sucesso, pela aparência ou pelas realizações. Nessas comparações, a inveja surge quando sentimos que estamos "ficando para trás" ou que nossas conquistas são insignificantes. Outro padrão comum está ligado à baixa autoestima.

Quando não acreditamos no nosso próprio valor, tendemos a enxergar as conquistas dos outros como uma ameaça à nossa identidade. Nesses casos, a inveja se manifesta como uma forma de reafirmar nossas inseguranças, gerando uma espiral negativa de comparação e frustração.

É raro encontrar uma pessoa invejosa que seja positiva, otimista ou esperançosa. Geralmente ela se expressa com pessimismo, assumindo o papel de vítima das circunstâncias e culpando fatores externos ou outras pessoas por seus fracassos. Essa maneira de encarar a vida reforça a crença de que ela está em desvantagem e é incapaz de ser dona do próprio destino, o que a faz enxergar suas realizações como impossíveis ou sem valor.

Para identificar os padrões da inveja, é importante prestar atenção aos momentos e situações em que a inveja aparece. Quais são os gatilhos emocionais? Que tipo de pessoas ou circunstâncias despertam esse sentimento? Ao responder a essas perguntas, podemos começar a quebrar o ciclo da inveja e adotar uma postura mais equilibrada e consciente frente a ela.

Como Reconhecer o Invejoso

"Assenta-lhe a lividez na face, a magreza em todo o corpo. Para nada olha a direito. Os dentes têm a cor da ferrugem. O seu íntimo destila fel verde. Tem a língua empapada em veneno. Não ri senão quando vê a dor afetar alguém. Não saboreia o sono, agitada por vigilantes preocupações; e vê com despeito os triunfos do homem e, ao vê-los, definha. Atormenta e atormenta-se. É o suplício de si mesma."

– Ovídio

Não podemos esquecer que a inveja não está apenas dentro de nós; ela também nos cerca e habita alguns corações amargurados. A inveja alheia pode ser extremamente destrutiva, afetando nossa autoestima, nossas relações e até nossos projetos pessoais, caso não saibamos nos blindar. Saber identificar os sinais de inveja projetada pelos outros é essencial para não nos deixarmos influenciar por ela.

O estudioso inglês Peter Walcot apontou que, por volta de 500 a.C., o filósofo Demócrito já afirmava que o indivíduo invejoso emitia partículas carregadas de inveja, descritas como "átomos raivosos" ou "átomos malignos", os quais se fixavam nas vítimas, comprometendo seus corpos e mentes. No século III, o romancista Heliodoro expandiu essa ideia, comparando essas "partículas malignas" ou "flechas envenenadas" da inveja ao próprio ar exalado por alguém tomado por esse sentimento. Ele sugeria que o ar que expelimos carrega nossas emoções mais profundas, inclusive a inveja, e que ao inalá-lo, outra pessoa poderia ser contaminada, sofrendo efeitos negativos, como enfermidades ou até a morte.

Plutarco complementou essa ideia, afirmando que esse "ar tóxico", assim como outros "odores", "sons" ou "fluxos" igualmente perniciosos, é expelido principalmente pelos olhos. Para ele, a visão, por sua rapidez e alcance, atua como um canal poderoso de transmissão, dispersando uma energia intensa e nociva, que reflete o espírito do invejoso.

A inveja, portanto, é como um sopro envenenado de amargura, que não apenas intoxica quem sente, como também pode afetar profundamente aqueles a seu redor.

Francis Bacon também descreveu a inveja como uma espécie de irradiação do olhar. De fato, o modo como olhamos influencia a percepção e a comunicação, sendo um elemento central nas relações pessoais. Plutarco afirmava que os seres vivos transmitem emanações de maneira especialmente poderosa pelo olhar. A antropologia moderna confirma que a crença no "mau-olhado" é antiga, principalmente entre os povos do Mediterrâneo, onde a inveja sempre foi associada a uma força de influência maligna. Até hoje, olhares intensos ou deformados são evitados em muitas culturas, como a chinesa, onde o olho avermelhado simboliza a inveja.

O mau-olhado é, por natureza, um olhar desprovido de amor, um olhar feroz carregado de uma raiva desenfreada, muitas vezes sem uma razão evidente ou justificativa. Esse olhar pode ser ardiloso e agir de maneira indireta, como quando o invejoso se abstém de alertar alguém que está em perigo ou passando por dificuldades, sobretudo se essa pessoa é o alvo de sua inveja. O filósofo Immanuel Kant observou que, ao evitar cumprir seu dever de ajudar, o invejoso contribui para que o infortúnio do outro se concretize. Em geral, o invejoso é impaciente demais para esperar que o destino cumpra sozinho seu trabalho cruel.

O olhar expressa uma ampla gama de sentimentos, como amor, ódio, ironia e vingança, sendo considerado o "espelho da alma". Por isso, muitas figuras de destaque, como autoridades, celebridades, empresários, políticos e diplomatas, recebem treinamento para interpretar olhares e ocultar suas próprias emoções.

Pessoas invejosas, no entanto, podem disfarçar suas intenções por meio de críticas sutis, que parecem construtivas, mas na realidade buscam derrubar o outro e plantar dúvidas onde antes havia segurança. Comentários depreciativos, ironias disfarçadas de piadinhas sarcásticas, a depreciação e o menosprezo a talentos e realizações são estratégias que o invejoso usa para minar a confiança alheia.

Esses comportamentos podem desgastar a autoestima, criar ambientes pesados e deteriorar os relacionamentos. Por isso, a decisão de aprender a estabelecer limites saudáveis, discernir críticas construtivas de ataques velados e, acima de tudo, não internalizar a inveja alheia são passos importantes para proteger nosso bem-estar emocional.

Os olhos da inveja são sempre carregados de dor, pois não suportam presenciar a felicidade e o sucesso alheios. A inveja se caracteriza por um olhar enevoado, com visão limitada, incapaz de encontrar prazer nas conquistas dos outros, a menos que venham acompanhadas de sua queda ou fracasso.

Paradoxalmente, a palavra "inveja" deriva do latim *invidere,* que significa "não ver". Nesse sentido, a inveja pode ser entendida como uma espécie de miopia emocional, uma visão distorcida e perturbada da realidade – um olhar doente sobre o outro. O invejoso, por não ter uma visão crítica de si mesmo, é incapaz de admitir sua pequenez, inferioridade e sua própria miséria interior. Ele se prende a um lugar de comparação e competição imaginárias, sem perceber que é ele mesmo que cria esse cenário.

É inevitável que a pessoa invejosa se enxergue como uma vítima, uma vez que sua existência está tomada pela comparação com alguém diante de quem se sente inferior. Porém, a vingança motivada pela inveja nunca é direta ou corajosa; ao contrário, manifesta-se de maneira sorrateira e dissimulada. Sentindo-se destruído em sua essência, pela falta de reconhecimento e do afeto que acredita merecer, o invejoso age de forma indireta e calculada.

A inveja manifesta um estado mental doentio, pois o invejoso acaba se tornando seu próprio maior inimigo. Sem dúvida, a inveja gera um profundo desconforto psicológico, que ele tenta aliviar projetando sua dor nos outros. As percepções distorcidas e os comportamentos malévolos que adota cumprem justamente este propósito: deslocar a angústia, o desespero e a hostilidade que sente, transferindo-os para o alvo de sua inveja.

A inveja afeta o invejoso em três aspectos principais: na forma como ele percebe o mundo, nas emoções que experimenta e nas ações que realiza. Suas percepções se tornam exageradas e seletivas, alimentadas por sentimentos intensos de dor e raiva, que, por sua vez, levam-no a agir de maneira agressiva.

Essa agressividade pode se manifestar tanto em ataques psicológicos quanto em ações físicas, voltando-se tanto contra o foco da inveja quanto contra ele mesmo, numa combinação de autodestruição e hostilidade direcionada ao outro e autossabotagem.

Um dos sinais mais evidentes da inveja é a desqualificação constante. Uma pessoa invejosa tende a minimizar suas conquistas, tentando diminuir o valor do que você alcançou.

Ela pode fazer comentários como: "Não foi tão difícil assim" ou "Você só conseguiu isso por sorte", com a intenção de enfraquecer sua autoconfiança. Esse comportamento é um reflexo da incapacidade e dificuldade do invejoso em lidar com suas próprias frustrações, projetando-as em você.

Outro sinal clássico de inveja é a crítica velada. O invejoso raramente expressa abertamente seus sentimentos. Em vez disso, ele disfarça sua negatividade em comentários aparentemente inofensivos, mas que carregam a intenção de prejudicar, desestabilizar sua autoestima e plantar dúvidas desnecessárias em sua mente.

A sabotagem também é um comportamento comum em pessoas invejosas. Seja de forma consciente ou inconsciente, elas podem interferir em seus projetos ou planos, oferecendo uma "ajuda" que, na prática, atrapalha. Além disso, podem espalhar rumores e comentários negativos em seu círculo social, na tentativa de prejudicar a sua reputação. Esse tipo de atitude visa criar obstáculos e dificultar seu progresso, reforçando a necessidade do invejoso de igualar seu sucesso ao fracasso dele.

A inveja é tão nociva que aqueles que a sentem com frequência estão dispostos a tirar vantagens dos outros, mesmo que isso exija sacrifícios pessoais. Eles chegam ao ponto de destruir algo que também lhes traria benefício, apenas para impedir o sucesso alheio. A inveja não segue a lógica nem o bom senso. Ela é impulsiva, descontrolada, autossabotadora e um vício secreto que consome quem o alimenta.

Reconhecer esses comportamentos é essencial para não absorver as projeções dos invejosos. Ao perceber os sinais da inveja, mantenha sua autoconfiança. Não permita que as atitudes de terceiros abalem a sua autoimagem. Cultivar um senso de autovalorização e cercar-se de pessoas que apoiam genuinamente seu crescimento são formas eficazes para se proteger dessas energias negativas projetadas por aqueles que ainda não aprenderam a lidar com suas próprias sombras e frustrações.

Lembre-se de que estamos todos conectados, e tudo é energia. Quanto mais você trabalhar suas sombras interiores, inclusive a sua própria inveja, menos vulnerável será a inveja vinda de fora. Invista em proteções, use amuletos e realize rituais de acordo com suas crenças espirituais, mas não negligencie o autoconhecimento. Enfrentar seus "demônios interiores" é fundamental para transcender a inveja e usá-la como ponte para o seu desenvolvimento pessoal.

Quanto mais coragem você tiver para confrontar a inveja dentro de si, menos chances você terá de se conectar e se relacionar de modo negativo com a inveja que vem de fora de você. Somos como ímãs que atraem aquilo com que vibramos em sintonia. Essa é uma das leis universais da vida.

Capítulo 3

A Inveja e o Mito da Comparação

"Há os que se ocupem invejando o destino alheio e desprezando o seu próprio."

– Sêneca

O Ciclo de Comparação Constante

A comparação é um fenômeno humano enraizado na nossa experiência social e pessoal. Desde tempos imemoriais, os seres humanos se comparam uns aos outros como uma forma de medir valor, mérito e pertencimento. À medida que a sociedade evoluiu, essa comparação se tornou um ciclo cada vez mais intenso e constante.

A modernidade, com suas pressões culturais e seu ritmo acelerado, tem incentivado comparações incessantes, o que gera consequências muito negativas, tanto psicológicas quanto espirituais. A inveja também é o resultado natural desse processo, que se inicia quando olhamos para a vida dos outros e sentimos que o que temos ou quem somos é insuficiente.

O guru indiano Osho ressaltou algo muito interessante em seu livro *Emoções* (2006): "*A inveja é a comparação. E nós somos ensinados a comparar, fomos condicionados a comparar, a sempre comparar. Outra pessoa tem uma casa melhor, tem um corpo mais bonito, tem mais dinheiro, tem uma personalidade mais carismática. Compare, continue se comparando com todo mundo e vai haver inveja; a inveja é uma consequência do condicionamento para que você se compare. Se você parar de fazer comparações, a inveja desaparecerá.*"[1]

Na sociedade contemporânea, somos bombardeados por imagens de sucesso e perfeição. Seja nas vitrines das grandes cidades ou nos *feeds* das redes sociais, estamos constantemente expostos a um ideal de vida que parece inalcançável. A cultura do consumo, que promove a ideia de "ter" a "ser", só intensifica essa sensação de inadequação. Somos levados a acreditar que sempre nos falta algo – seja uma conquista, um objeto ou uma experiência. Isso alimenta um ciclo vicioso de busca incessante por validação externa e reconhecimento, no qual nosso valor pessoal é medido em comparação ao que os outros possuem.

Nunca estivemos tão expostos ao que os outros possuem, fazem, consomem e conquistam. Fotos e imagens cuidadosamente tratadas e editadas com inúmeros filtros e recursos da inteligência artificial desfilam vidas aparentemente perfeitas: viagens glamorosas, corpos idealizados, carreiras brilhantes, relacionamentos perfeitos, restaurantes caríssimos, sucesso e prestígio. E tudo isso chega até nós

1. Osho. *Emoções – Liberte-se da Raiva, do Ciúme e do Medo*. São Paulo: Cultrix, 2006, p. 51.

com um simples deslizar de dedos, projetado para nos impressionar, mas também para nos fazer sentir insuficientes. A era digital não criou a inveja, mas a amplificou de forma quase onipresente, oferecendo diariamente comparações impossíveis e nos fazendo acreditar que estamos constantemente aquém dessas metas inatingíveis.

Se antes a inveja se restringia às interações com os vizinhos ou colegas próximos, hoje ela transcende fronteiras e atinge escalas globais. A vida "perfeita" de estranhos na internet cria um campo fértil para que a inveja cresça de forma insidiosa e perturbadora.

Esse ciclo de comparações é perigoso porque nos desconecta da nossa verdadeira essência. Quando estamos constantemente preocupados com o que os outros possuem ou fazem, perdemos de vista o que realmente importa para nós. O desejo de ser "melhor" ou "mais" do que o outro nos desvia de nossas próprias necessidades e sonhos, tornando-nos reféns de um padrão inalcançável e, muitas vezes, artificial, exagerado e irreal. Em vez de vivermos uma vida condizente com nossos reais propósitos e mais significativa, passamos a perseguir uma série de metas que podem não refletir nossos verdadeiros desejos. E quase nunca os refletem.

A inveja digital, embora pareça algo superficial, provoca impactos profundos. Uma matéria publicada em junho de 2024[2] na CNN Brasil, intitulada "Brasileiros que Passam mais Tempo nas Redes Sociais são os que têm Ansiedade", aponta que o uso intensivo das redes sociais está associado a um aumento considerável nos casos de depressão e ansiedade, alimentados principalmente pela comparação constante, pelo sentimento de fracasso e pela percepção de inadequação. O que muitas vezes esquecemos é que essas vidas idealizadas que admiramos ou invejamos são, em grande parte, representações distorcidas ou exageradas da realidade cotidiana de quem as compartilha. Raramente vemos alguém postar suas falhas, inseguranças ou momentos difíceis. O que é exibido nas redes sociais é apenas uma fração cuidadosamente selecionada, criando a ilusão de perfeição que alimenta a inveja.

---

2. https://www.cnnbrasil.com.br/saude/brasileiros-que-passam-mais-tempo-nas-redes-sociais-sao-os-que-tem-ansiedade/. Acesso em 19 setembro de 2024.

Viver em constante comparação é psicologicamente exaustivo e desgastante. Nossas conquistas pessoais, por maiores que sejam, perdem o significado quando comparadas ao sucesso alheio, que muitas vezes parece grandioso e triunfal. A satisfação se dissipa rapidamente ao percebermos que outra pessoa conseguiu algo maior ou mais valioso. Esse ciclo se repete indefinidamente, gerando mais ansiedade, frustração e uma sensação persistente de inadequação e insuficiência. A autoestima, que deveria ser construída a partir de um senso interno de valor, acaba sendo pautada em comparações externas, tornando-se instável, frágil e, para muitos, inalcançável.

Ao nos compararmos constantemente aos outros, acabamos por invalidar nossa própria jornada. É como se disséssemos a nós mesmos que o que temos ou quem somos não é suficiente ou digno de valor, o que nos afasta da verdadeira paz interior e do contentamento genuíno.

Esse ciclo de comparação também afeta nossas relações. Quando estamos presos nesse estado contínuo de medir nosso valor com base no sucesso alheio, torna-se difícil celebrar, de coração, as conquistas e o sucesso dos outros. Assim, a inveja se infiltra nas relações, tornando-se uma barreira para os relacionamentos autênticos. Amizades, parcerias e apoio mútuo tornam-se frágeis quando nos questionamos constantemente se estamos à altura dos outros ou

Quando nos comparamos aos outros, estamos essencialmente desconectados de nossa essência espiritual. A dimensão da espiritualidade não pode ser medida por conquistas materiais ou pela aprovação externa. Ela reside em um lugar muito mais profundo e essencial – na conexão com nosso eu interior, com nosso propósito e com aquilo que é verdadeiramente significativo para nós.

se merecemos tanto quanto eles. A comparação gera uma competição velada, na qual o sucesso de um passa a ser visto como a derrota do outro.

Faço questão de repetir que parte dessa dinâmica decorre da crença equivocada de que a vida é como um jogo de soma zero – em que só há um número limitado de oportunidades e, portanto, a vitória de um necessariamente representa a perda de outro – que nos leva a acreditar que não há espaço suficiente para todos prosperarem. No entanto, a verdadeira abundância reside no entendimento de que cada pessoa segue um percurso único, com desafios e realizações próprios. O sucesso de outra pessoa não diminui, de modo algum, nossas próprias possibilidades.

Romper com esse ciclo de comparação exige um esforço consciente. Isso não significa ignorar o que os outros fazem ou conquistam, mas sim repensar o modo como nos relacionamos com essas informações. Um passo essencial é reconhecer que a comparação muitas vezes se baseia em percepções distorcidas e incompletas da realidade alheia. Vemos apenas uma pequena parte da realidade – as vitórias e os momentos gloriosos, ignorando os sacrifícios e desafios que estão por trás dessas conquistas.

Como refletimos no capítulo anterior, fortalecer a conexão com nossa própria jornada é essencial. Quando vivemos alinhados com nossos valores e o que realmente importa para nós, o sucesso dos outros deixa de ser uma ameaça. O peso da inveja e da comparação diminui ao compreendermos que cada pessoa trilha um caminho singular e que nossas experiências têm valor por si mesmas.

Ao voltarmos nosso foco para dentro, podemos começar a ouvir nossa própria voz, em vez de sermos guiados por expectativas externas. Práticas como a atenção plena (*mindfulness*) e a aceitação do momento presente nos ajudam a valorizar quem somos e onde estamos, sem julgamentos ou comparações. Isso nos permite alinhar nossas ações com nosso verdadeiro propósito, ou seja, nossa alma.

A comparação constante é um dos grandes desafios da modernidade. No entanto, com esforço e consciência, é possível redirecionar a atenção para aquilo que realmente importa. Abandonar a necessidade de medir nosso valor em relação ao outro abre espaço para uma vida mais plena e gratificante, baseada na aceitação de quem realmente somos, e não de quem imaginamos que deveríamos ser.

As Redes Sociais como Amplificadoras da Inveja

É inegável que as redes sociais se tornaram parte integrante da vida de bilhões de pessoas em todo o mundo. Elas nos conectam, nos informam e nos divertem, mas também têm um lado sombrio: funcionam como poderosas amplificadoras da inveja. Ao nos expor constantemente a imagens cuidadosamente selecionadas e editadas da vida dos outros, as redes sociais criam uma ilusão de perfeição que nos faz questionar nossa própria realidade.

O que vemos nas redes sociais raramente é a imagem completa. As pessoas postam seus melhores momentos, os eventos mais felizes e as conquistas mais impressionantes e muitos até inventam o que não têm. É como se estivéssemos assistindo a uma versão editada da vida de outras pessoas, na qual os erros, as frustrações e as dificuldades são omitidas criando uma ilusão de perfeição que muitas vezes nos leva a questionar nossa própria realidade. Isso gera muita frustração, pois nos faz comparar nossos bastidores, cheios de desafios e incertezas, com os palcos brilhantes que os outros exibem *on-line*. O resultado? Um aumento expressivo na sensação de inadequação, faltas, vazio e, inevitavelmente, inveja.

As redes sociais, com sua dinâmica de curtidas, compartilhamentos e seguidores, criam uma cultura de constante validação externa, em que o valor de uma experiência parece ser medido pelo número de curtidas e comentários que uma postagem recebe. Isso nos prende a um ciclo vicioso: desejamos que nossa vida seja tão admirada quanto a dos outros e, quando não alcançamos o mesmo nível de aprovação, é fácil cair na armadilha de nos sentirmos inferiores e menos valiosos.

O perigo dessa comparação digital reside no fato de que ela frequentemente se baseia em ilusões. O que as redes sociais mostram não é a realidade completa. Por exemplo, por trás de uma foto de uma viagem perfeita, podem estar meses de planejamento estressante, dificuldades financeiras ou problemas emocionais que jamais aparecerão nas postagens. Quando olhamos apenas para a superfície, enxergamos somente o que foi cuidadosamente construído por nossa mente para parecer ideal. Isso distorce nossa percepção da realidade e nos leva a acreditar que a vida dos outros é melhor ou mais fácil que a nossa.

Outro aspecto preocupante é como as redes sociais nos fazem perder o foco do que realmente importa. Em vez de nos concentrarmos em nossas próprias metas e realizações, passamos a avaliar a nossa vida com base nos filtros e nas narrativas dos outros. Isso nos afasta de quem realmente somos e do que desejamos de verdade. Nossa satisfação passa a depender de como nos comparamos com os outros, e a inveja surge como uma consequência inevitável desse processo.

Para lidar com a inveja amplificada pelas redes sociais, precisamos praticar a consciência crítica. Enquanto navegamos pelos feeds, devemos nos lembrar de que o que vemos é apenas uma versão cuidadosamente editada da vida. Não é a realidade completa. Essa perspectiva reduz o impacto emocional das comparações e nos permite voltar nosso foco mais para a nossa própria vida.

Profissionais da saúde mental alertam com frequência sobre a importância de estabelecer limites no uso das redes sociais. Passar muito tempo *on-line*, consumindo continuamente as "melhores versões" da vida dos outros, pode nos afastar de nossas próprias experiências e nos lançar numa espiral de frustração e melancolia. Reduzir o tempo dedicado às redes ou fazer pausas regulares pode ajudar a restaurar o equilíbrio e a nos reconectar com a nossa realidade.

Ao refletirmos sobre o impacto das redes sociais, precisamos nos lembrar de que a nossa vida não precisa seguir o mesmo roteiro que o de outras pessoas para ser valiosa. Não precisamos nos ajustar a modismos (ou *trends*) para nos encaixar no mundo. O maior risco das redes sociais não está apenas na comparação, mas no esquecimento de que a verdadeira satisfação e felicidade não dependem dos filtros de uma foto nem precisam caber no *feed* ou nos *stories* das redes sociais.

Para navegar pelo mundo virtual, é fundamental lembrar que "curtida" não é afeto, que um "seguir de volta" nem sempre significa amizade e que as redes sociais não são o mundo real.

Aceitação e Singularidade: O Fim da Comparação

A inveja e a comparação estão enraizadas na ideia equivocada de que a felicidade ou o sucesso dos outros reduzem as nossas próprias chances de alcançar plenitude. Para romper com esse ciclo destrutivo, precisamos reconhecer a singularidade da nossa trajetória. Aceitar que cada pessoa segue seu próprio caminho e que nossas experiências são únicas nos permite abandonar a necessidade de comparação e direcionar o nosso foco para a nossa própria realização.

A vida de cada um é moldada por um conjunto único de circunstâncias, desafios e escolhas, o que torna impossível compará-la diretamente com a de outra pessoa. O que percebemos como sucesso ou felicidade nos outros pode não se aplicar à nossa realidade, e tudo bem. O que é importante é que cada um de nós está vivendo seu próprio destino, com desafios e conquistas, e essa singularidade é o que torna a vida tão rica e fascinante.

Aceitar essa singularidade não é simples numa sociedade que nos pressiona constantemente para termos uma sensação de pertencimento das massas e a nos encaixar em padrões coletivos de comportamento.

Somos invadidos por expectativas externas – seja de nossa família, de amigos ou da mídia – que nos dizem o que devemos ser, o que devemos ter e como devemos viver. Essas expectativas criam a falsa ideia de que existe um "caminho certo" a seguir, e qualquer desvio desse padrão nos faz sentir inadequados.

A verdade, no entanto, é que não existe uma única fórmula universal para a felicidade ou o sucesso. Cada pessoa tem suas próprias prioridades e desejos, e o que funciona para um pode não funcionar para outro. Reconhecer isso nos ajuda a nos libertar da constante comparação com as outras pessoas. Ao aceitar que nossa jornada é única, podemos começar a viver de acordo com nossos próprios valores, em vez de tentar alcançar padrões externos que muitas vezes não refletem quem realmente somos.

Uma das chaves para alcançar essa aceitação é a prática da autocompaixão. Com frequência somos nossos críticos mais severos, comparando-nos aos outros e nos julgando por não estarmos onde "deveríamos" estar. A autocompaixão nos lembra de que estamos fazendo o melhor que podemos, dentro das circunstâncias e recursos que temos no momento. Cada um de nós está em um estágio diferente da vida, e comparar nosso progresso com o de outras pessoas é injusto, desnecessário e até cruel.

Além disso, a autocompaixão nos ajuda a compreender que as falhas e os desafios fazem parte da existência humana. Ninguém tem uma vida perfeita, independentemente do que as redes sociais ou as aparências possam sugerir. Todos enfrentamos dificuldades, e é importante reconhecer que o sucesso não se limita às conquistas visíveis, mas também inclui a forma como superamos os obstáculos ao longo do caminho.

Outra prática eficaz para abandonar a comparação é cultivar a gratidão. Ao praticá-la regularmente, treinamos nossa mente para focar no que já temos de positivo em nossa vida, em vez de nos fixarmos no que nos falta. A gratidão nos permite apreciar e valorizar nossas experiências e realizações, independentemente do que os outros estejam fazendo. Ela nos lembra de que cada momento da nossa vida é valioso e digno de celebração, mesmo que não se encaixe nos padrões tradicionais de sucesso. A gratidão também promove o contentamento, ajudando-nos a enxergar com mais clareza tudo o que já realizamos.

Por fim, aceitar nossa singularidade também implica redefinir o conceito de sucesso. Ele não precisa ser medido por conquistas materiais ou expectativas impostas. Pode ser algo tão simples quanto encontrar equilíbrio na vida pessoal, cultivar relacionamentos saudáveis ou buscar paixões que nos trazem alegria.

Abandonar o ciclo de comparação nos permite obter uma verdadeira sensação de paz interior, equilíbrio e satisfação. No lugar de vivermos o tempo todo correndo atrás de metas que não são nossas ou nos comparando aos outros, podemos nos concentrar em nossa própria caminhada. Podemos viver no presente, apreciando cada momento e confiando que estamos exatamente onde precisamos estar.

Capítulo 4

A Alquimia da Inveja

"O que negas te subordina.
O que aceitas te transforma."

– Carl G. Jung

A inveja, assim como os metais pesados na alquimia antiga, tem o poder de nos afundar em um estado de estagnação. Porém, tal como os alquimistas medievais buscavam transformar chumbo em ouro, podemos usar esse sentimento desafiador como matéria-prima para a nossa própria transformação interior. Essa ideia da alquimia interior nos convida a enxergar a inveja de uma maneira diferente: não como uma emoção a ser reprimida ou ignorada, mas como algo que pode ser transmutado em sabedoria, crescimento e ação.

A alquimia é, essencialmente, um processo de transformação. No plano físico, os alquimistas procuravam transmutar metais comuns em ouro puro. No entanto, no nível psicológico e espiritual, a verdadeira alquimia acontece quando transformamos algo sombrio, pesado e denso – como a inveja – em algo luminoso, inspirador e poderoso. Esse processo exige disciplina, autoconhecimento e, sobretudo, coragem para enfrentar o que nos causa medo e desconforto.

Transformar a inveja é um processo de autodescoberta. Em vez de fugir dela ou deixá-la nos consumir, podemos utilizá-la como uma ferramenta para compreender melhor o que desejamos e identificar o que precisamos para evoluir. Assim como o chumbo é considerado algo impuro, a inveja é vista como uma emoção "feia". Contudo, se a encararmos como uma parte de nós que pede transformação, podemos reconhecer seu potencial como uma chave valiosa para o nosso progresso pessoal.

O processo de transmutação começa com a auto-observação. Precisamos entender como, quando e por que sentimos inveja. Apenas com essa clareza é possível trabalhar para transformar esse sentimento em algo mais positivo. A alquimia interior não é uma solução imediata, mas um caminho que exige paciência e prática. Com dedicação, o "chumbo" emocional da inveja pode se transformar em "ouro" – um estado de inspiração, ação criativa, propósito e autenticidade.

Agora que já refletimos sobre vários aspectos da inveja, proponho algumas práticas simples, mas eficazes, para você aplicar de forma prática as ideias apresentadas anteriormente.

Mantenha um diário de auto-observação da inveja

Uma sugestão prática para iniciar o processo de transmutação da inveja é a auto-observação. Para transformar essa emoção, primeiro precisamos compreendê-la em profundidade. Uma das ferramentas mais eficazes para isso é manter um diário de auto-observação, um espaço pessoal onde possamos registrar os momentos em que sentimos inveja, os gatilhos que a despertam e as reações que ela provoca, refletindo sobre eles.

Ao escrever sobre nossas experiências de inveja, começamos a identificar padrões. Por exemplo, podemos perceber que sentimos inveja em momentos de vulnerabilidade, quando nos sentimos inseguros em relação às nossas próprias conquistas e supervalorizamos as realizações dos outros. Ou talvez notemos que tendemos a invejar pessoas que possuem qualidades que admiramos, mas que ainda não desenvolvemos.

Essa prática nos ajuda a afastar o julgamento e encarar a inveja com curiosidade e compaixão. Em vez de nos culparmos por senti-la, aprendemos a utilizá-la como uma ferramenta de crescimento pessoal, transformando um sentimento difícil em um impulso para nosso autodesenvolvimento.

O hábito de registrar essas experiências em um diário também ajuda a capturar nuances emocionais que muitas vezes passam despercebidas no dia a dia. Ao descrever detalhadamente os momentos em que a inveja surge, conseguimos identificar como ela se manifesta – seja como uma sensação física, um pensamento insistente ou uma emoção avassaladora. Com o tempo, essa prática regular de escrita nos oferece um mapa emocional e conseguimos ver com clareza as raízes da inveja e seus impactos sobre as nossas atitudes e comportamentos. Essa etapa de auto-observação é fundamental para a transformação.

A inveja não é algo que conseguimos transformar apenas pela força de vontade ou pelo simples desejo de ser "melhor". Não é mágica. Ela exige que nos tornemos observadores de nós mesmos, que examinemos nossos pensamentos e sentimentos com honestidade e, principalmente, que reconheçamos nossas fraquezas sem medo ou resistência.

O ato de escrever promove o hábito de ouvir a si mesmo e perceber com profundidade o que se passa internamente. Esse exercício pode ser o início de um processo repleto de *insights* e autoconhecimento. Algumas pessoas complementam essa prática de escrita com sessões de psicoterapia, levando suas reflexões para análise e aprofundando-as com a ajuda de um terapeuta experiente. Contudo, mesmo que esse não seja o seu caso, experimente essa atividade como um instrumento para compreender como funcionam as suas emoções, como você reage a elas e quais aspectos da sua vida precisam de mudança e transformação.

Transformando Desejo em Inspiração

Uma vez que começamos a entender a inveja por meio da auto-observação, podemos dar o próximo passo em sua transmutação: transformar o desejo que ela carrega em inspiração. Sentir inveja de alguém geralmente significa que essa pessoa possui algo que desejamos, seja um talento, uma conquista, uma experiência ou até mesmo uma característica pessoal.

A chave para transformar a inveja em uma força positiva está em usá-la como um sinal do que queremos cultivar em nossa própria vida.

Em vez de deixar que a inveja nos consuma com ressentimento ou desmotivação, podemos usá-la como um chamado para a ação. Pergunte a si mesmo: o que exatamente essa pessoa tem que desperta minha inveja? Quais qualidades, conquistas ou situações me fazem sentir inferior ou insatisfeito? Ao responder a essas perguntas, você começa a identificar áreas da sua vida que podem e precisam ser desenvolvidas.

Por exemplo, imagine que você sente inveja de um amigo que sempre parece criativo e inspirado. Em vez de permitir que esse sentimento se transforme em frustração e amargura, você pode usá-lo como motivação para iniciar um projeto criativo próprio. A energia gerada pela inveja – que inicialmente parece paralisante – pode ser redirecionada para o movimento, para ações concretas e para o desenvolvimento de suas próprias capacidades.

Outro exemplo é a inveja relacionada ao sucesso profissional de alguém. Talvez você veja uma pessoa alcançando grandes conquistas em sua carreira e sinta uma pontada de inveja. Em vez de se deixar abater, aproveite esse sentimento como uma oportunidade para avaliar sua própria trajetória profissional. Pergunte-se: o que essa pessoa fez para chegar onde está? Como posso aplicar essas lições à minha própria carreira? Tenho investido em mim e no meu desenvolvimento profissional? Esse tipo de reflexão pode transformar o desejo em uma fonte de aprendizado e ação.

Transformar desejo em inspiração também envolve se cercar de pessoas que o motivam. Pare de se comparar negativamente com aqueles que você admira e busque aprender com eles. Aproxime-se de pessoas que despertam o melhor em você e veja as conquistas delas como um reflexo do que você também pode realizar, à sua maneira e no seu tempo.

Transformar a inveja em inspiração é, na verdade, uma mudança de perspectiva: sair da crença de escassez para abraçar a abundância.

Fortalezas e Singularidades: Focando em Você

Um dos maiores desafios de lidar com a inveja é que ela nos tira o foco, desvia nossa atenção de nós mesmos e nos faz focar a vida dos outros. No entanto, quando trazemos esse foco de volta para nós, abrimos espaço para cultivar a autovalorização.

Pare de se concentrar no que você ainda não tem ou não alcançou, volte o seu olhar para tudo que já conquistou. Quais são suas maiores qualidades? Quais desafios você superou ao longo da vida? Quais habilidades únicas e valiosas você possui? Ao reconhecer e valorizar essas características, você começa a fortalecer sua autoestima e a se sentir mais confiante em sua própria trajetória.

Práticas de autoconhecimento, como meditação, psicoterapia ou leituras sobre desenvolvimento pessoal, podem ser ferramentas valiosas nesse processo. Ao refletir sobre suas conquistas e qualidades, você se distancia do ciclo de comparação e se reconecta com seu próprio valor. Isso não significa que você deva abandonar seus desejos e ambições, mas que eles passem a se basear na autenticidade, em vez de serem influenciados pelo que os outros possuem ou realizam.

Ao focar em suas singularidades e viver de acordo com a sua autenticidade, você se liberta da necessidade de seguir os mesmos caminhos que os outros. Seu valor não está em se adequar a padrões externos, mas em se alinhar aos seus próprios princípios e aspirações.

Quando concluímos esse processo, a inveja perde seu poder de nos desviar do nosso caminho. Conseguimos ir além, ganhamos a oportunidade de celebrar a diversidade de experiências e realizações, tanto as nossas quanto as dos outros.

Ação Criativa: Como Redirecionar a Energia da Inveja

Uma das formas mais poderosas de transmutar a inveja é redirecionar sua energia para a ação criativa. Quando reprimida, a inveja pode nos imobilizar, mas, quando canalizada de forma criativa, pode se tornar um catalisador para grandes conquistas. A chave é transformar a frustração em motivação e usar esse sentimento como combustível para alcançar seus próprios objetivos.

Comece devagar. Um passo de cada vez. Caso perceba que a inveja está relacionada a uma área específica da sua vida – como carreira, relacionamentos ou projetos pessoais –, pergunte-se: qual é o primeiro pequeno passo que posso dar em direção ao que desejo? Em vez de se prender à comparação com os outros, concentre-se no que está ao seu alcance agora. Pequenas ações consistentes geram um acúmulo de energia positiva, que impulsiona seu progresso.

Por exemplo, se você sente inveja da criatividade de alguém, use isso como inspiração para iniciar um projeto criativo. Pode ser algo simples como pintar, escrever ou explorar qualquer outra atividade criativa que estimule sua mente e traga à tona sua expressão única. Não é necessário que essa prática criativa tenha um objetivo imediato de sucesso externo; ela pode ser simplesmente uma forma de canalizar sua energia e reconectá-lo com seu próprio fluxo criativo.

A inveja pode ser um sinal de que há algo que você ainda não está fazendo por si mesmo. Usá-la como um ponto de partida para ações criativas é uma maneira de reverter o impacto negativo desse sentimento.

Transformar a inveja em movimento também é um caminho para romper o ciclo da paralisia que a inveja muitas vezes pode provocar. Quando estamos presos nas artimanhas da inveja, tendemos a sentir que não temos poder sobre nossa própria vida. No entanto, ao dar pequenos passos concretos, ainda que pareçam insignificantes no início, recuperamos nosso senso de controle sobre nosso caminho e nos tornamos protagonistas da nossa própria jornada de transformação.

Lidando com as Armadilhas da Inveja Alheia

"É tão natural destruir o que não se pode possuir, negar o que não se compreende, insultar o que se inveja."

– Honoré de Balzac

Lidar com a inveja que sentimos é uma parte muito significativa do processo de transmutação emocional, mas outro grande desafio é aprender a enfrentar a inveja que os outros sentem de nós. Ser o alvo da inveja alheia pode ser uma experiência emocionalmente desgastante e espiritualmente difícil, sobretudo quando não sabemos como lidar com as projeções negativas que as pessoas direcionam para nós.

Como já vimos, a inveja dos outros pode se manifestar de muitas formas, desde críticas sutis e depreciativas até tentativas diretas de sabotagem. Reconhecer esses sinais é essencial para proteger nosso bem-estar emocional.

A primeira medida para se defender da inveja alheia é estabelecer limites saudáveis. Isso significa não permitir que comportamentos destrutivos invadam seu espaço emocional.

Estabelecer limites de forma clara e assertiva é indispensável para preservar sua paz interior. Pode ser necessário reduzir o tempo que você passa com pessoas invejosas ou deixar claro que você não tolera atitudes desrespeitosas. Em situações mais extremas, pode ser preciso romper completamente com essas pessoas para se libertar da toxicidade que elas trazem.

Também é importante não internalizar a inveja dos outros. Muitas vezes, as pessoas projetam suas próprias frustrações e inseguranças em nós. Isso não reflete quem somos, mas como elas se sentem em relação a si mesmas. Reconhecer que a inveja alheia não tem ligação com o nosso valor pessoal é importantíssimo para evitar absorver essa negatividade.

Praticar o desapego é uma atitude libertadora ao lidar com a inveja alheia. Desapegar significa deixar de lado a necessidade de agradar a todos ou de buscar a validação de quem nos inveja.

Quando nos concentramos em nossa própria jornada e temos segurança do nosso valor, o comportamento dos outros perde o poder de nos afetar. O desapego nos ajuda a nos libertar da pressão de atender às expectativas dos outros e permite que continuemos avançando em nosso próprio caminho, independentemente das reações externas dos outros.

Mas não devemos nos esquecer de que a ideia de transmutar a inveja consiste em vê-la como uma possibilidade real de mudança de consciência, acessível àqueles que têm coragem e sinceridade consigo mesmos.

Nem sempre vai ser assim. Infelizmente, o mundo está repleto de pessoas consumidas e ressentidas pela inveja que permanecerão inalteradas. Somos responsáveis por nossas escolhas e atitudes, e não devemos criar expectativas em relação aos outros. A inveja alheia é perigosa. É preciso atenção e muito comprometimento para nos fortalecermos com o que transformamos em nós mesmos, sem nos deixar afetar pelas sombras alheias.

Capítulo 5

Reflexões Finais

A Paz que Surge da Compreensão

"A maior felicidade que um homem pode possuir é a de ver, sem inveja, a felicidade alheia."

– Jacques-Bénigne Bossuet

Durante nossa jornada de autoconhecimento, a inveja, assim como outras emoções e sentimentos sombrios, surge como uma força desconfortável. Muitas vezes é difícil admitir sua presença, mas isso é necessário para o nosso crescimento.

Quando permitimos que a inveja se transforme, uma paz interior começa a emergir em nós. Essa serenidade, fruto da transmutação emocional, é uma verdadeira alquimia espiritual: o chumbo das emoções densas é substituído pelo ouro de uma vida mais harmoniosa.

Superar a inveja não significa eliminá-la por completo da nossa vida. Como qualquer outra emoção humana, a inveja faz parte da complexidade do nosso ser e continuará a nos visitar. Porém, ao reconhecê-la, compreendê-la e processá-la com sabedoria, deixamos de ser prisioneiros desse sentimento.

A verdadeira transformação acontece quando paramos de resistir à inveja e escolhemos acolhê-la como parte de nossa jornada de evolução. É nesse momento que a alquimia emocional se completa, e a inveja, que antes pesava em nosso coração, dá lugar à aceitação e à serenidade.

Alcançar esse estado de paz interior exige, primeiramente, que sejamos honestos com nós mesmos. A inveja surge de comparações, competições imaginárias e sentimentos de inadequação que estamos sempre reprimindo. É o desejo por algo que acreditamos nos faltar – seja material, emocional ou espiritual – e que enxergamos no outro. Quando começamos a aceitar que nem todas as comparações são justas ou úteis, abrimos espaço para uma vida menos ansiosa e mais centrada em nossas próprias escolhas e conquistas.

A serenidade não é a ausência de desejos, mas sim a compreensão de que o que já temos e somos é suficiente. Esse entendimento desperta o contentamento e a gratidão. E uma vida pautada pela gratidão e pelo contentamento naturalmente nos conduz a mais experiências de felicidade e alegria.

O processo de superar a inveja não deixa de ser, essencialmente, um exercício de aceitação da nossa jornada pessoal. Quando deixamos de lado as expectativas geradas por comparações externas e passamos a valorizar a singularidade do nosso próprio caminho, começamos a encontrar uma calma interior.

E nesse sentido, a inveja perde seu poder quando nos reconectamos com o que é verdadeiramente importante para nós – nossos próprios valores, metas e realizações.

Essa paz, nascida da compreensão, está profundamente ligada à ideia de autenticidade. Durante todo esse percurso que fizemos de autoconhecimento, percebemos que a inveja pode ser um sinal claro de que estamos desalinhados com nossa essência.

Quando nos desconectamos de quem realmente somos, quando seguimos caminhos que não nos pertencem ou buscamos realizar expectativas que não ressoam com a nossa verdade interior, a inveja se infiltra e o mal está feito.

Ao realinharmos nossas ações e escolhas com nossa autenticidade, ao vivermos de acordo com nossos próprios valores, a inveja aos poucos vai desaparecendo. Isso porque já não estamos olhando para fora em busca de validação, mas sim vivendo de acordo com a nossa própria luz interior.

A superação da inveja também nos ajuda a cultivar um senso profundo de gratidão. Quando nos distanciamos da mentalidade de escassez – que nos faz olhar apenas o que está faltando em nossa vida – e interiorizamos a crença na abundância, passamos a perceber que temos tudo de que precisamos para viver de forma plena.

A gratidão é um dos antídotos mais poderosos contra a inveja. Ao cultivá-la, aprendemos a direcionar nossa atenção para o que já conquistamos, para as oportunidades que estão diante de nós e para tudo que já faz parte da nossa vida. Isso nos ajuda a evitar a armadilha de focar excessivamente no que ainda não possuímos.

A paz que surge da superação da inveja também se manifesta de maneira positiva em nossas relações interpessoais. Quando deixamos de nos comparar com os outros e aceitamos nossa própria história, nós nos tornamos mais receptivos a celebrar as conquistas alheias. Assim, a inveja, que antes corroía nossas conexões, dá lugar à admiração e ao apoio genuíno.

Ao eliminar a competição silenciosa que a inveja cria, fortalecemos laços de amizade e colaboração. Tornamo-nos capazes de ver o sucesso do outro como uma inspiração e não como uma ameaça.

Outro ponto importante é que, ao transmutar a inveja, nós nos libertamos dos ressentimentos acumulados. Quando reprimida ou ignorada, a inveja muitas vezes se transforma em ressentimento – uma emoção ainda mais destrutiva. O ressentimento age como uma sombra, mantendo a inveja latente e nos impedindo de viver com leveza. Ao superar a inveja, não apenas nos livramos dessa carga emocional, como também passamos a viver de maneira mais leve e desapegada. A aceitação do nosso caminho e a capacidade de celebrar as realizações dos outros nos ajudam a abandonar a amargura, criando espaço para a tranquilidade e o bem-estar.

Essa serenidade que surge ao transformar a inveja também tem um impacto profundo na nossa percepção do tempo. Quando somos tomados pela inveja, tendemos a querer acelerar nosso progresso, como se as realizações dos outros estivessem nos deixando para trás. No entanto, ao superar esse sentimento, aprendemos a confiar no tempo e na sabedoria da vida. Reconhecemos que cada pessoa tem seu próprio ritmo e que não há necessidade de pressa. Compreendemos que o progresso pessoal é contínuo, no qual cada etapa tem seu valor. Desse modo, passamos a viver com mais paciência e tranquilidade, aceitando que nossa jornada se desenrola no tempo certo, de acordo com nossas necessidades e nosso tempo de amadurecimento.

Esse estado de paz interior também nos conduz a uma reconexão espiritual significativa. A inveja nos afasta da nossa espiritualidade, pois nos faz acreditar que não somos o suficiente e que estamos desamparados. Mas quando nos reconectamos com nosso eu verdadeiro – aquela parte de nós que está em sintonia com o universo, com o divino ou com aquilo que consideramos sagrado –, começamos a perceber que somos completos exatamente como somos e que todas as mudanças e transformações da nossa vida devem seguir o fluxo natural e os ciclos necessários para nosso aprimoramento.

Essa reconexão espiritual revela que a felicidade que buscamos já está dentro de nós. Não precisamos buscar fora o que já habita o nosso coração. A aceitação nos lembra de que cada pessoa tem um propósito único a cumprir, e que todas as experiências – sejam elas boas ou desafiadoras – fazem parte de um processo contínuo de aprendizado e evolução.

A paz que vem da superação da inveja traz uma importante lição sobre a impermanência da vida. A inveja se alimenta da ilusão de que o que os outros possuem é permanente e de que sempre nos faltará algo. No entanto, quando aceitamos que a vida é marcada por constantes mudanças, percebemos que conquistas, bens materiais e até os sentimentos são transitórios. Essa compreensão nos oferece uma nova perspectiva, ajudando-nos a abandonar as ilusões e a valorizar o presente com mais profundidade, leveza e gratidão.

Bibliografia

ALBERONI, Francesco. *Os Invejosos: Uma Investigação sobre a Inveja na Sociedade Contemporânea*. Tradução de Élia Edel. Rio de Janeiro: Rocco, 1996.

ALIGHIERI, Dante. *A Divina Comédia*. Tradução de Ítalo Eugenio Mauro. São Paulo: Editora 34, 2017.

ALMODÓVAR, Pedro. *O Último Sonho*. Tradução de Miguel Del Castillo. São Paulo: Companhia das Letras, 2024.

BERKE, Joseph H. *A Tirania da Malícia – Explorando o Lado Sombrio do Caráter e da Cultura*. Tradução de Myrian Campello. Rio de Janeiro: Imago Editora, 1992.

BRANDÃO, Junito de Souza. *Dicionário Mítico-Etimológico*. Petrópolis: Editora Vozes, 2014.

BRANDÃO, Junito de Souza. *Mitologia Grega, v. 1*. Petrópolis: Editora Vozes, 2019.

CARVALHO, Alexandre. *Inveja – Como Ela Mudou a História do Mundo*. São Paulo: Leya, 2015.

EPSTEIN, Joseph. *Inveja*. Coleção Sete Pecados Capitais. Tradução de Ivo Korytowski. São Paulo: Arx, 2004.

FAUS, Francisco. *A Inveja*. São Paulo: Quadrante, 2023.

GÓES, Joaci. *A Inveja Nossa de Cada Dia*: *Como Lidar com Ela*. Rio de Janeiro: Topbooks, 2004.

JUNG, Carl Gustav. *Sobre Sentimentos e a Sombra*. Tradução de Lorena Richter. Petrópolis: Editora Vozes, 2015.

JUNG, Carl Gustav. *Aspectos do Drama Contemporâneo.* Obra Completa 10/2 – Civilização em Mudança. Tradução de Lucia M. E. Orth. Petrópolis: Editora Vozes, 2012.

KARNAL, Leandro. *Pecar e Perdoar – Deus e o Homem na História*. Rio de Janeiro: HarperCollins, 2023.

OSHO. *Emoções – Liberte-se da Raiva, do Ciúme, da Inveja e do Medo.* Tradução de Denise de Carvalho Rocha. São Paulo: Cultrix, 2006.

OVÍDIO. *Metamorfoses*. Tradução de Domingos Lucas Dias. São Paulo: Editora 34, 2017.

STEIN, Murray. *Jung: o Mapa da Alma*. Tradução de Álvaro Cabral. São Paulo: Cultrix, 2017.

SÊNECA. *Sobre a Brevidade da Vida/Sobre a Firmeza do Sábio – Diálogos*. Coleção Grandes Ideias. Tradução e notas de José Eduardo S. Lohner. São Paulo: Companhia das Letras, 2017.

TOMEI, Patrícia Amélia. *Inveja nas Organizações*. São Paulo: Makron Books do Brasil, 1994.

VENTURA, Zuenir. *Inveja, Mal Secreto*. Rio de Janeiro: Objetiva, 1998.

Periódicos:

VÁRIOS AUTORES. *Revista Cult 302* – "Inveja e Seus Significados". São Paulo: Cult Editora, 1º jan. 2024.

Fontes eletrônicas:

PÉCHY, Amanda. *A Inveja Ganha Força na Era das Redes – e Pode Prejudicar a Saúde*. Disponível em: https://veja.abril.com.br/comportamento/novo-estudo-revela-os-males-da-inveja-na-era-das-redes-sociais/mobile. Acessado em: 12 set. 2024.

TRIGO, Luciano. *A Revolução do Ressentimento*. Disponível em: https://www.gazetadopovo.com.br/vozes/luciano-trigo/a-revolucao-do-ressentimento/amp/. Acessado em: 12 set. 2024.

TAKAHASHI, Hidehiko *et al*. *When Your Gain Is My Pain and Your Pain Is My Gain: Neural Correlates of Envy and Shadenfreude*. Disponível em: https://www.science.org/doi/abs/10.1126/science.1165604. Acessado em 13 set. 2024.

MCKAY, Brett e Kate. *An Intro to Envy*. Disponível em: https://www.artofmanliness.com/character/behavior/what-is-envy/. Acessado em: 13 set. 2024.

TEMPO Brasil, O. *Pesquisadores Identificam Área no Cérebro Relacionada à inveja*. Disponível em: https://www.otempo.com.br/brasil/pesquisadores-identificam-area-no-cerebro-relacionada-a-inveja-1.242254#:~:text=%22A%20inveja%20pode%20levar%20uma%20pessoa%20a,Ci%C3%AAncia%20Radiol%C3%B3gica%2C%20localizado%20no%20sub%C3%BArbio%20de%20T%C3%B3quio.%20%E2%80%93. Acessado em: 19 set. 2024